Paris

1848

Laboulaye, Charles-Pierre Lefebvre

Organisation du travail. De la démocratie industrielle

DE LA

DÉMOCRATIE

INDUSTRIELLE.

Corbeil, impr. de Crété.

ORGANISATION DU TRAVAIL.

DE LA

DÉMOCRATIE INDUSTRIELLE

PAR

CHARLES LABOULAYE,

Ancien élève de l'École Polytechnique.

PARIS

A LA LIBRAIRIE SCIENTIFIQUE-INDUSTRIELLE DE L. MATHIAS (AUG^{te})

QUAI MALAQUAIS, 15;

ET CHEZ GUILLAUMIN ET Cie,

RUE RICHELIEU, 14.

1848

AUX

MEMBRES DE L'ASSEMBLÉE NATIONALE

COMPOSANT LE COMITÉ DU TRAVAIL.

Vous êtes chargés, Citoyens, d'une lourde tâche. De la solution que vous adopterez du problème si complexe de l'Organisation du Travail dépend la prospérité ou le malheur de la France.

Les sinistres événements qui viennent de s'accomplir ont montré à quels épouvantables malheurs pouvaient conduire des promesses irréalisables. Cependant il faut absolument porter remède à des souffrances réelles, avancer hardiment dans la voie qui peut mener le pays au bonheur et à la prospérité.

Permettez-moi de vous offrir le tribut de mes faibles lumières sur ces graves questions. Puissé-je être assez heureux pour contribuer quelque peu à vous guider vers la vérité, et rendre votre difficile mission plus fructueuse pour le bonheur du pays ! Ce serait le plus beau succès que puisse espérer d'un travail fait dans le seul but d'être utile,

VOTRE DÉVOUÉ CONCITOYEN,

CH. LABOULAYE.

INTRODUCTION.

Un grand nombre d'écrivains a démontré le peu de solidité des systèmes dont l'exposition récente a singulièrement contribué à augmenter les souffrances de l'industrie française. Toute personne ayant quelque peu réfléchi sur les questions économiques, a été douloureusement affectée de voir des intelligences distinguées, des dévouements respectables, mais d'un aveuglement désolant, se consacrer avec un affreux succès à l'ébranlement de l'édifice industriel, que cinquante ans d'efforts persévérants de la Nation étaient péniblement parvenus à élever.

Pourquoi les travaux de tous ces publicistes ont-ils été stériles? Pourquoi n'ont-ils pu ni empêcher les ruines de s'amonceler, ni ébranler les malheureuses convictions des personnes placées à la tête de ce mouvement, et dont la bonne foi ne saurait cependant être suspectée? C'est, à notre avis, parce que les adversaires sont restés tous deux trop exclusivement au point de vue de l'état économique de la société avant la révolution de février. Les économistes, concluant du droit de l'individu à la liberté du travail, la plus précieuse part de la liberté individuelle pour celui qui veut vivre de ses œuvres, à la nécessité de la libre concurrence qui en est une rigoureuse conséquence, paraissent en arriver tacitement à cette conclusion que l'état économique de la société ne peut éprouver aucun changement. Les socialistes, au contraire, et M. L. Blanc principalement avec une ardeur extrême, décrivant, exagérant peut-être les misères qu'a supportées la classe ouvrière, concluent à la nécessité de changer de fond en comble l'état économique, et font appel au sentiment de fraternité pour en tirer une formule qui leur permette de construire un état social nouveau avec les débris de l'ordre ancien : douloureuse et terrible expérience !

Nous croyons que les deux écoles ne se seraient pas ainsi divisées, qu'elles eussent heureusement réagi l'une sur l'autre, de manière à provoquer sans bouleversement des améliorations réelles, si, au lieu de se placer vaguement au point de vue des droits ou des souffrances des classes ouvrières au moment de la révolution, elles avaient étudié en se tenant plus près de la réalité, les faits de l'industrie, ses progrès, les modifications qui se produisaient dans le sort des classes ouvrières, les causes de ces changements. Alors économistes représentant la liberté du travail, socialistes réclamant l'intervention de l'État au nom de la fraternité, eussent sans doute pu rencontrer un terrain commun sur lequel se fût conclu l'accord des deux principes également vrais, bases de notre nouvel édifice social, et cela sans qu'il fût nécessaire de sacrifier l'un d'eux en vue du triomphe de l'autre.

Pour établir la possibilité de cet accord cherchons à poser le problème de l'organisation générale de la société en des termes qui soient admis par tout le monde.

La *liberté* la plus complète, c'est-à-dire le développement entier de toutes les facultés physiques et intellectuelles de l'individu, l'expansion de toutes les forces du corps et de l'esprit : telle est évidemment la loi suprême qui résulte de la nature de l'homme, c'est la condition essentielle de son existence, qui est d'autant plus complète que cette liberté est plus absolue. —

Mais cette entière liberté, sans empêchements, sans obstacles d'aucun genre, ne peut exister pour tous en même temps; autrement la liberté de l'un, gênant, étouffant la liberté d'autrui, il y aura certains individus, certaines classes complétement et perpétuellement opprimées. La liberté ne peut donc exister utilement pour tous que sous la protection de l'*autorité*, que limitée par la surveillance du pouvoir de la société, de l'Etat.

Liberté, Autorité, tels sont les deux termes du problème, les deux éléments dont l'accord est nécessaire pour constituer une société bien organisée.

Dans les régimes despotiques, l'excès du pouvoir du prince, l'absence de liberté humilie le citoyen, lui enlève sa dignité, son énergie d'action, et la société paraît plongée dans un profond sommeil. Dans les temps de révolution, l'absence d'autorité engendre, par la liberté exagérée des uns, l'oppression des autres, et aussitôt disparaissent le crédit, la confiance, la sécurité.

Nous pensons que personne ne contestera cette manière de poser le problème de l'organisation des sociétés :

Dans quelles limites le droit, ou ce qui est la même chose, la *liberté* de chacun doit-elle être réglée par l'*autorité?*

Formuler ainsi les termes du problème, relativement à la liberté du travail, n'est-ce pas en établir nettement les limites, élaguer une foule de solutions radicalement vicieuses?

Nul pouvoir, nulle organisation, partant, soit des maîtres, soit des ouvriers, des maîtrises ou du compagnonnage, n'a le droit de mettre en interdit les bras et l'intelligence d'un citoyen, de l'empêcher d'en tirer parti comme il l'entend, dût-il se contenter de conditions moins avantageuses que celles des autres ouvriers exerçant déjà les mêmes professions ; nul n'a le droit de le condamner à mourir de faim parce qu'il n'est pas enrégimenté comme certains de ses concitoyens. De quelle utilité serait pour lui une société qui ne lui laisserait que le droit de mourir en réclamant inutilement du travail? Donc liberté, liberté absolue pour l'individu d'utiliser son travail. C'est là un principe immortel qu'il faut proclamer bien haut, qu'il ne faut pas laisser voiler; car il s'agit du plus sacré de tous les droits, celui de vivre en travaillant.

Mais le principe d'autorité ne peut-il assurer le développement de cette liberté, en réprimer les écarts dans ce qu'ils peuvent avoir d'oppressif pour les autres? Nous n'hésiterons pas à répondre affirmativement. Nous croyons, en un mot, qu'il peut exister un code du travail, qui doit, prenant pour base fondamentale la liberté du travail, comme le Code civil repose sur la liberté individuelle, consacrer l'intervention de l'État en vue du bien-être du travailleur, de son développement physique et moral, de son enrichissement par le travail.

Qu'y a-t-il à faire pour atteindre ce but?

C'est ici qu'il faut faire une distinction profonde entre ce qui est souhaitable et ce qui est réalisable : confusion malheureusement trop fréquente, source la plus féconde des malheurs qu'engendrent les révolutions; quand, faute de cette distinction, elles mettent au service d'idées dont l'application actuelle est impossible, de belles intelligences, de respectables dévouements.

Qu'un philosophe dans ses écrits prêche la réalisation de tout ce qui lui paraît idéalement désirable, rien de plus naturel ; mais le politique ne doit s'occuper que de ce qui est pratiquement possible, dans la direction que les travaux du philosophe auront indiquée. Quoi ! il suffira de changer, suivant la conception d'une personne le plus souvent étrangère à la vie réelle et séduite par la nouveauté d'une conception, tout le mécanisme de la société, de la mouler par une forte et douloureuse pression dans un nouveau moule, pour que le bonheur parfait soit réalisé sur la terre!

Quand donc abandonnerons-nous de semblables chimères? L'humanité est en marche, l'idéal est la colonne de feu qui la guide; mais, loin de pouvoir le saisir, elle ne peut que s'avancer vers ce but qui se modifie, se transforme sans cesse. Le souhaitable est donc d'avancer toujours, dans une direction déterminée, d'un pas ferme et assuré, mais tout est perdu si on quitte cette marche sage pour courir après toutes les apparences trompeuses qui s'offrent à la vue le long du chemin.

C'est là, suivant nous, l'erreur de M. L. Blanc, au

sujet de la Fraternité. Ce sentiment est bien l'idéal en vue duquel le principe d'autorité doit fonctionner; la modification de l'état économique de la société doit se faire dans ce sens, mais vouloir immédiatement, pratiquement, forcément, la réalisation complète de ce principe, la supposer possible par la seule adoption d'un mécanisme de son invention, c'est une erreur grosse de douleurs et de catastrophes de tout genre. C'est ce que nous espérons démontrer par le travail que nous essayons aujourd'hui. Notre but est de prouver que la destruction de la misère, la diffusion de l'aisance et de la noble indépendance qui en résulte, doivent s'obtenir par l'énergie du travailleur, (sans le secours d'une panacée universelle, d'une formule trompeuse et subversive de tout ce qui existe), en secondant la division, la répartition entre les travailleurs industriels des moyens de production, en réalisant pour ceux-ci tout ce qu'a produit depuis la révolution de 89, la division du sol pour les producteurs de l'agriculture.

Ce n'est donc pas quelque chose de bien nouveau que nous venons proposer, une utopie ayant pour but la transformation de la société ou de l'homme même; c'est le véritable progrès, le développement naturel de l'organisation de l'industrie en France que nous voulons rappeler. Nous procéderons par l'étude des conditions spéciales aux diverses industries pour déduire des faits particuliers à chacune d'elles la transformation qu'elle peut être appelée à subir en vue de l'idéal.

Ce travail, ou plutôt cette réunion de notes dont nous comptions faire un travail plus étendu, a été commencé sous une préoccupation bien différente de celle qui nous émeut aujourd'hui. Nous voulions faire prévaloir une conviction profondément gravée en nous, à savoir qu'il fallait pousser l'industrie française dans une voie de division semblable à celle qu'a suivie l'industrie agricole depuis la première révolution : éviter la création des grandes compagnies, arrêter les progrès de l'industrie à l'anglaise qui engendre le paupérisme et la démoralisation. Nous apercevions dans l'avenir une réaction certaine contre de funestes tendances, de la part d'une nation dont la partie la plus nombreuse, celle livrée aux travaux de l'agriculture, ne connaît que la propriété morcelée, la multiplication incessante du nombre des propriétaires, c'est-à-dire des citoyens véritablement libres, véritablement indépendants.

Depuis l'époque à laquelle nous avions entrevu l'utilité d'une semblable publication, une révolution dont le caractère dominant est de s'occuper du travail industriel, dont l'organisation du travail est la question capitale, est venue modifier tous les éléments de la question. Ce qui nous paraissait jadis un but difficile à atteindre, ne sera plus, pour beaucoup qu'un point de départ de mince valeur. Cependant, malgré la lecture de ce qui a été publié dans l'ardeur de la victoire, nous avons conservé une foi entière dans la vérité de nos idées, et croyons encore qu'aujourd'hui il n'y a qu'un but raisonnable à atteindre, à savoir : démocratiser l'industrie, diviser la propriété industrielle.

Nous n'eussions jamais pensé à publier dans l'état d'imperfection où nous sommes contraint de l'offrir au public un travail qui exigeait de longues recherches, si la question n'avait une telle gravité, une telle urgence qu'il y a presque trahison à garder par-devers soi ce qu'on croit être la vérité. Puisse notre essai répandre quelques idées justes ! puisse un plus habile que nous utiliser quelques-uns de nos matériaux à construire l'édifice de l'avenir !

CHAPITRE I.

DES RELATIONS INTIMES QUI EXISTENT ENTRE LA CONSTITUTION POLITIQUE ET LA CONSTITUTION ÉCONOMIQUE D'UN PAYS.

L'histoire, en enregistrant toutes les révolutions qui se sont succédé, constate toujours en même temps les mofications que la propriété a eu à supporter au profit du parti vainqueur. Il suffit de jeter les yeux sur le tableau qu'elle présente, pour reconnaître comme une vérité, d'une certitude absolue, la loi que résume ainsi M. Ed. Laboulaye dans son *Histoire du droit de Propriété*, livre qui en fournit les preuves convaincantes.

« C'est pour obtenir le pouvoir par la propriété ou la « propriété par le pouvoir, qu'à toutes les époques ont lutté « les classes inférieures, depuis la plèbe romaine deman- « dant le partage du mont Aventin, jusqu'au tiers état, « anéantissant dans une nuit mémorable ce peu qui restait « des priviléges territoriaux de la noblesse et du clergé.

« Ainsi, tour à tour cause et effet de la puissance, le droit « de propriété reflète dans ses vicissitudes toutes les révo-

« lutions sociales, c'est là qu'aboutissent tous ces change-« ments dans la condition des personnes qui se réduisent « finalement aux capacités ou incapacités de posséder. « Quel que soit le nom des partis qui se disputent le pou-« voir, — patriciens ou plébéiens, — seigneurs ou vilains, « — tiers état et noblesse. — La question capitale est tou-« jours : *A qui le sol?* » A qui la propriété?

Que l'histoire donne à cette proposition la certitude d'une vérité mathématique, il n'y a pas lieu de s'en étonner; il est pour ainsi dire impossible qu'il en soit autrement. Comment peut-on supposer que les classes possédant le pouvoir politique ne l'utilisent pas pour modifier à leur profit la loi civile, afin de sortir d'une position précaire et misérable? Aussi croyons-nous inutile d'accumuler ici des preuves historiques, car les faits se passent assez vite aujourd'hui pour que chacun entrevoie les lois qui les régissent.

Quel jour la révolution de 1789 devint-elle irrésistible? Ce fut lorsque le tiers état, devenu possesseur de richesses importantes, connaissant sa force, vint réclamer une partie des droits politiques dont il se trouvait déshérité. En possession du pouvoir politique, son œuvre ne fut-elle pas la législation résumée dans le Code civil qui a fait notre société moderne, et qui par le partage égal des héritages a rendu à tout jamais impossible la renaissance d'une noblesse riche et puissante.

Si l'on veut un exemple bien frappant de la connexion profonde qui réunit la constitution politique et économique d'un pays, combien la loi de la propriété, la loi civile est intimement liée à la loi politique, qu'on compare la même race, également industrieuse et active en Angleterre et aux États-Unis d'Amérique.

En Angleterre, dans le pays qui a conservé les plus profondes traces de l'époque féodale, où les descendants des barons normands sont devenus de puissants propriétaires qui ont su conserver la richesse et le pouvoir politique, les lois faites en vue de la concentration des richesses, les droits d'aînesse, les substitutions, etc., venant aider à la puissance de capitaux accumulés, d'établissements anciens, ont permis de constituer l'industrie anglaise d'une manière tout aristocratique. D'immenses établissements munis de machines de tous genres, desservis par d'énormes capitaux, des fabriques où l'ouvrier ne peut pas même songer à passer à l'état de maître, tel est le spectacle que l'Angleterre offre à chaque pas, son industrie se trouvant par le fait constituée à l'instar de la propriété territoriale toujours indivisible, à l'instar de sa société politique tout aristocratique, toute féodale.

Suivons la même race anglaise aux États-Unis d'Amérique. Dans ce pays, la propriété foncière abondante et presque le prix de la seule culture, multiplie le nombre des propriétaires ; là aussi, quoique l'esprit d'invention des mécanismes ingénieux y soit comme en Angleterre poussé à l'extrême, l'organisation de l'industrie y est toute démocratique. L'ouvrier ne travaille pour ainsi dire aujourd'hui que dans l'espoir de s'établir demain, et les établissements industriels se multiplient bien plus qu'ils ne grandissent.

Dans les deux pays l'organisation industrielle est la fidèle image des lois politiques, elle est aristocratique chez la première, démocratique chez la seconde.

De ces faits qu'il serait facile de multiplier à l'infini, on doit conclure que la forme la plus convenable de l'organisation industrielle d'un pays n'est pas un absolu; que de même que la constitution convenable à la France serait peu goûtée des Arabes ou des Chinois, de même le beau idéal ne saurait être pour tous les peuples de chercher à imiter servilement l'organisation de l'industrie anglaise, comme on se l'était imaginé dans ces dernières années; que comme la constitution d'un pays, cette organisation, pour être la meilleure, doit tenir compte des besoins politiques, des mœurs, des aptitudes et de l'état de division des fortunes entre les citoyens.

Notre histoire d'hier, ou plutôt d'aujourd'hui, est une confirmation aussi complète de ce qui précède qu'on peut le souhaiter; en effet de quoi s'agit-il aujourd'hui? Le lendemain du combat, qu'avons-nous entendu réclamer par les classes ouvrières? L'organisation du travail? Était-ce là une idée bien nette, la demande d'une concession déterminée? Nul ne pourrait le soutenir, aujourd'hui que la question, bien qu'agitée dans tous les esprits, est devenue plus obscure que jamais, et n'a pu se formuler en une demande nette et précise. La classe laborieuse ne savait qu'une chose, c'est qu'elle était victorieuse, que la crise industrielle qui durait depuis longtemps l'avait durement éprouvée et qu'elle voulait un remède à ses maux. C'est là un sujet d'effroi pour bien des personnes qui s'écrient : La révolution de 1848 n'est pas une révolution politique, c'est une révolution sociale ! Mais il en a été ainsi de toutes les révolutions : celles de 1789 et 1830 n'ont-elles pas été sociales en supprimant la noblesse et assurant le pouvoir et la propriété à la bourgeoisie? N'est-ce pas de même la propriété à laquelle veut atteindre le peuple qui a déjà le pouvoir, et s'il demande l'organisation du travail, n'est-ce pas surtout pour jouir de toute la richesse que celui-ci produit ? Ce qui peut effrayer dans la révolution, ce n'est pas qu'elle soit sociale en ce sens qu'elle consacrera des droits en faveur du travail des classes laborieuses, ce n'est pas qu'elle mette en rapport la constitution économique du pays avec les principes de sa nouvelle constitution politique ; c'est qu'elle ne trouve pas la vérité, qu'elle ne consacre pas le droit, et qu'au contraire elle se précipite dans de fausses routes, contre le droit, contre la vérité. Alors ce qu'elle édifiera ne pourra se maintenir, et après des souffrances inouïes, des convulsions affreuses, Dieu seul sait où elle aboutira ! C'est donc le droit, la vérité, qu'il s'agit de faire voir à tous les *hommes de bonne volonté*, et ils sont, Dieu merci, en grand nombre dans notre beau pays. C'est, nous pensons, le plus grand service qu'on puisse rendre aujourd'hui, c'est le devoir de chacun d'aider à la solution de cette grave question.

Ainsi notre conclusion en ce qui concerne l'organisation industrielle de la France, c'est que pour être en rapport avec sa constitution politique, elle doit être démocratique. Le chapitre suivant fera comprendre plus en détail ce que nous entendons par là.

CHAPITRE II.

L'INDUSTRIE DOIT ÊTRE ORGANISÉE EN FRANCE SOUS FORME DÉMOCRATIQUE, C'EST-A-DIRE DIVISÉE EN UN GRAND NOMBRE DE PETITS ÉTABLISSEMENTS.

La plus grande industrie de tous les pays, l'agriculture, qui produit en France une masse de produits presque triple de ceux de l'industrie manufacturière, et qui ne pouvant s'exercer à l'aide de machines, emploie les trois quarts de la population de la France, est exploitée dans notre pays sous une forme bien connue. Chacun sait avec quelle énergie la révolution française, renversant la classe des grands propriétaires, mit à la portée des classes inférieures, des masses énormes de biens-fonds ; comment cette division fit naître une multitude de petits propriétaires, dont le nombre sans cesse croissant fait la force et la prospérité de notre pays. Rappelons que le cadastre indique en France onze millions de cotes foncières !

La division, le morcellement du sol, résultat du partage

égal établi par le Code civil entre les enfants, consécration des principes *d'égalité proclamés par la révolution*, tel est le fait capital de l'état actuel de l'industrie agricole. On peut dire que c'est sur ce fait que repose la société française actuelle, non pas considérée seulement dans quelques grands ateliers, mais dans la France tout entière. On ne saurait seulement supposer dans notre pays une législation qui viendrait contrarier la division du sol. Qui pourrait avoir l'idée d'empêcher le paysan d'économiser par un labeur assidu de quoi acheter un coin de cette terre qu'il féconde de ses sueurs, qu'il rêve toujours d'agrandir, et qui finit par le mettre pour toujours à l'abri du besoin; par lui assurer l'indépendance et la liberté; par l'élever, en un mot, à un niveau auquel le but de la société doit être d'amener le plus grand nombre possible de citoyens.

Il serait bien inutile d'insister sur ce sujet, de faire des efforts superflus pour démontrer que la division de la propriété foncière est le plus important progrès accompli en France, la base de la transformation politique de notre pays. Pour qui en douterait, citons la fin du simple discours de Paul-Louis Courier, d'une ironie si fine et si mordante.

« .... On va mourir de faim si la terre se partage, et que chacun en ait ce qu'il peut labourer. Au laboureur ainsi cultivant pour soi seul la terre ne rend rien. Il la paye bien cher; il achète l'arpent huit ou dix fois plus cher que le gros éligible qui place à *deux et demi*; c'est qu'il n'en tire rien, si tant est qu'il laboure, le petit propriétaire; la bêche, l'ignoble bêche, disent nos députés, déshonore le sol, bonne tout au plus à nourrir une famille, et quelle famille? En guêtres, en sabots. Le pis, c'est que la terre morcelée, une fois dans les mains de la gent corvéable, n'en sort plus. Le paysan achète du monsieur, non celui-ci de l'autre, qui, ayant payé cher, vendrait plus cher encore. L'honnête homme bloqué chez lui par la petite propriété, ne peut acquérir aux environs, s'étendre, s'arrondir (il en coûterait trop), ni le château ravoir les champs qu'il a perdus. La grande propriété, une fois décomposée, ne se recompose plus. Un fief, une abbaye sont malaisés à refaire; et comme chaque jour les gens les mieux pensants, les plus mortels ennemis de la petite propriété, vendent pourtant leurs terres, alléchés par le prix, à l'arpent, à la perche, et en font les morceaux les plus petits qu'ils peuvent, la bêche gagne du terrain, la rustique famille bâtit et s'établit, sans aller pour cela en Amérique, aux Indes, les grandes terres disparaissent, et le capitaliste las d'espérer, de craindre ou la hausse ou la baisse, ne sait plus *comment placer*. »

S'attaquer aujourd'hui à la verve de Paul-Louis, ce serait vouloir réagir contre toutes les idées qui ont fait la gloire et ont été le but du dévouement de nos pères.

Veut-on savoir ce qui arrive, lorsqu'au lieu de se diviser la propriété s'agglomère dans les mêmes mains?

« Autrefois, dit Walter-Scott, il y a bien des années, chaque villageois en Écosse avait sa vache, son porc et son enclos autour de sa maison. Là où un seul fermier laboure aujourd'hui, trente petits fermiers vivaient autrefois; de sorte que pour un individu, plus riche à lui seul, il est vrai, que les vingt-neuf fermiers de l'ancien temps, il y a maintenant vingt-neuf journaliers misérables, sans emploi pour leur intelligence et leurs bras, et dont plus de la moitié est de trop. »

Par un nouveau progrès journaliers et fermiers ont disparu ; le produit net du pâturage ayant été trouvé supérieur à celui de la culture, beaucoup de grands propriétaires ont converti leurs terres arables en pâturages ; le travailleur a disparu, mais le produit en argent s'est trouvé supérieur.

C'est en ayant soin de distinguer le produit net et le produit brut, que l'on comprend la question du morcellement de la propriété. « Le premier, dit M. Proud'hon (1), exprimant le bénéfice du propriétaire, le second le bien-être collectif. C'est en n'ayant égard qu'à leur propre intérêt que les propriétaires de l'*Agro-Romano* dont Sismondi a fait une si lamentable peinture, et qui pourrait nourrir trois ou quatre cent mille habitants, ont trouvé qu'il y avait plus de profit pour eux à mettre la terre en pâture qu'à la faire labourer. Ils ne se posent pas le problème : *Faire produire et consommer le plus possible par le plus grand nombre possible d'hommes,* ce qui est vraiment le problème économique ; ils prennent pour règle cette maxime antisociale : *Réaliser le plus grand produit net possible,* c'est-à-dire éliminer autour d'eux le travail et le salaire. »

La tendance de la grande et de la petite propriété est parfaitement indiquée dans ce passage, aussi bien que le but que doit s'assigner la science moderne, ce qui, on le voit, exigera une modification profonde dans l'économie politique actuelle qui a surtout pour objet l'accroissement du capital, et laisse trop de côté la répartition de ce capital, c'est-à-dire les intérêts de l'humanité. Or, produire beaucoup et répartir entre grand nombre de personnes, voilà ce que nous voyons sans cesse réalisé par la petite propriété. Que l'on étudie avec soin une contrée cultivée par une classe nom-

(1) Contradictions économiques.

breuse de petits propriétaires, et l'on sera vraiment stupéfait de la quantité énorme de produits que la culture à la bêche aura su faire produire au sol. Qui ne connaît nos riches campagnes des environs de Paris, de la Touraine, où le produit de la terre est si grand et si supérieur à ce que pourrait créer la grande culture. Qu'importe qu'une commune n'ait presque pas de produits à exporter, si elle a nourri une population nombreuse de citoyens libres et heureux?

La division du sol a réellement résolu pour la classe agricole le problème de l'organisation du travail; production considérable, répartition équitable. Aussi, voyez le paysan; désire-t-il une révolution quelconque? Il la redoute fort, au contraire, parce qu'il craint qu'elle ne lui envoie trop souvent le percepteur. Il ne désire que la terre dont il espère bientôt pouvoir acheter un morceau, le plus souvent pour arrondir celui qu'il possède déjà, et l'on peut se fier à lui du soin de lui faire produire tout ce qu'il peut rapporter. Il n'y épargnera ni peines, ni soins.

Pourquoi, tandis que la plus grande partie de la nation s'avance dans les voies que nous venons d'indiquer, quand le but à atteindre est le même pour tous, pourquoi le champ de l'industrie tend-il à être exploité en grande propriété. Est-ce que tout ce que nous venons de dire au sujet du produit brut et du produit net, n'est pas vrai pour la propriété des instruments de l'industrie comme pour la propriété agricole? Dans ce cas encore, le but à atteindre n'est pas seulement la réalisation, l'accumulation de capitaux, mais aussi la prospérité, le progrès de la classe nombreuse des travailleurs.

De même que l'exploitation des forêts, des pâturages se

prête mal à l'exploitation morcelée, il peut exister certaines industries qui ne peuvent être exploitées que dans de grands *établissements*; c'est ce que nous examinerons plus loin en détail, mais dès à présent nous pouvons poser comme certain : qu'avec les idées qui font la nation française d'aujourd'hui, qui seules peuvent faire sa force et sa grandeur, le but de toutes les institutions doit être bien plus de favoriser la *division de la propriété industrielle* que *sa concentration*; que, par exemple, de deux industries, qui, toutes choses égales d'ailleurs, réclameront du pays les sacrifices qu'entraîne la protection des douanes pour être importées en France, on devra préférer celle qui assurera l'aisance de cent petits établissements à celle qui fera naître dix grandes fabriques.

Ce que nous cherchons à établir ici est trop évident de soi pour qu'il y ait lieu d'insister longuement. Tandis que l'atelier agricole possède une solution du problème social qui date de 1789, tandis que tous les partis reconnaissent qu'il serait de toute impossibilité de convaincre le paysan propriétaire de son champ de l'utilité d'adopter un nouveau mode de société dans lequel la propriété ne serait plus pour lui un droit entier, absolu, lui conférant toute indépendance, toute liberté par son travail ; on cherche péniblement comment on pourrait satisfaire aux désirs du travailleur industriel. Mais il n'y a encore qu'une solution, c'est précisément la même, *la propriété*. Elle seule produira, ou plutôt dans nombre de cas elle produit chaque jour le même effet ; à savoir donner la véritable liberté, réaliser l'égalité.

C'est par le morcellement de la propriété industrielle que vous pouvez espérer de faire triompher la capacité qui ne disposera pas de ressources énormes, d'assurer à tous équitable rémunération en proportion des services rendus. La société est organisée, et le sera, il faut espérer, davantage chaque jour, pour amener les plus capables à la tête de l'armée, de la magistrature, de l'administration, etc., nulle autre cause d'avancement n'est reconnue légitime que la capacité, l'aptitude à rendre de grands services; c'est à ce titre que la noblesse héréditaire, la vénalité des charges ont disparu. Mais dans la fonction sociale qui a pour but la production industrielle, faudra-t-il nécessairement une fortune préexistante pour atteindre une nouvelle fortune, et celui qui n'a rien devra-t-il être presque fatalement condamné à ne rien acquérir?

Le sentiment de l'impuissance à s'élever a singulièrement contribué à la révolution de 1848, les classes laborieuses entendaient toujours parler de l'accroissement de fortune des banquiers, des riches spéculateurs, et au milieu de la crise régnant dans l'industrie, ne voyaient que rarement un d'entre eux s'élever à la propriété à force de travail et d'invention. Ce sont les malheureux germes semés dans un moment de démoralisation qui ont produit les fausses idées qui causent aujourd'hui les plus grands dangers du pays. Que ne peut-on faire assister pour un instant tous les théoriciens qui traitent ces questions au beau spectacle qu'offre l'industrie américaine aux États-Unis: là tout ouvrier travaille, économise, s'instruit avec le désir de devenir maître bientôt et la presque certitude de réussir comme ont fait ses prédécesseurs. Il est vrai que dans ce pays le facile enrichissement des agriculteurs fait que les carrières sont moins encombrées qu'en France, mais ce n'est qu'un motif de plus pour que chez nous les institutions économiques facilitent de toute l'énergie de la puissance sociale, l'accès du travailleur à la propriété industrielle.

La question nous paraît se poser plus nettement chaque jour. Ou bien le désir inintelligent du mieux nous poussera vers le communisme, la négation de toute propriété, de toute supériorité, de l'indépendance et de la liberté de l'homme devenu un rouage inintelligent de la machine sociale, et nous conduira sûrement à une affreuse *égalité dans la misère* par l'avilissement de tout et de tous ; ou nous verrons une puissante démocratie industrielle à large base douée d'une ardeur immense pour le travail de la production; l'aisance devenant la récompense assurée du talent et du travail fera croître dans des proportions inconnues jusqu'à ce jour la richesse de la nation.

Pour démontrer la justesse de nos idées et prouver combien la voie dans laquelle il s'agit d'avancer est pour l'industrie française celle de la prospérité; celle de son développement naturel, celle qui convient à nos mœurs, à nos idées; celle de la vie réelle de la société et non d'une vie factice et impossible qu'on voudrait bien utilement lui communiquer ; jetons un coup d'œil sur la constitution économique des diverses branches de l'industrie.

CHAPITRE III.

DE L'INDUSTRIE FRANÇAISE.

Dans la revue rapide que nous allons faire des produits créés en France par le travail industriel, nous nous servirons de chiffres généralement admis, et qui, s'ils ne représentent pas la vérité absolue, en approchent assez pour qu'on puisse fonder sur eux des déductions probables.

Les chiffres de production sont, en général, extraits de la statistique de la France de M. Schnitzler.

Nous ferons suivre ces chiffres des exportations et importations de 1842 qui peut être considérée comme une année moyenne, et nous indiquerons les droits de douane à l'entrée, ceux à la sortie étant toujours sans importance, si ce n'est pour quelques matières premières dont l'exportation est prohibée.

D'après les résultats de ces chiffres, nous diviserons les industries en trois classes :

1° Industries supérieures de la France, donnant lieu à des

exportations importantes, dans lesquelles par conséquent nous avons une certaine supériorité sur les nations rivales;

2° Industries inférieures, donnant lieu à des importations, ou protégées par des prohibitions contre l'importation que feraient des nations qui produisent mieux ou à meilleur marché que nous;

3° Industries locales astreintes par leur nature à s'exercer dans le lieu même de consommation, et qui par suite ne peuvent en général donner lieu qu'à des importations ou exportations sans importance.

Les résultats de cet examen sont consignés dans le tableau suivant.

(Les chiffres représentent des millions.)

TABLEAU DES PRODUITS INDUSTRIELS EN FRANCE

AVEC L'INDICATION DES EXPORTATION ET IMPORTATION ET DROITS DE DOUANES

En l'année 1842, considérée comme année moyenne.

INDUSTRIES.	Production En millions en 1841.	Exportation en 1842.	Importation en 1842.	DROITS DE DOUANE environ.	Sup.	Inf.	Locales.
Industrie du fer, y compris l'extraction et la préparation des minerais ainsi que la valeur des combustibles....	124	....	Fonte, 3. Fer, 4. Acier, 0	100 kilog. 7 fr. 20 fr. 60 fr.	....	1 1 1	....
Élaboration du cuivre, zinc et plomb..................	26,5	....	....	Droits presque prohibitifs.	....	....	3
Exploitation des combustibles minéraux et de la tourbe...	32	....	Houille, 23.	0,50 %	....	1	....
Exploitation des métaux autres que le fer, des bitumes minéraux et des sels..............................	13,5	....	Plomb, 8. Cuivre, 21.	100 kilog. 5 fr. 2 fr.	....	1 1	....
Exploitation des carrières	40	....	....	....	....	....	3
Verreries, cristalleries, fabriques de glaces .... Fabrication de la porcelaine, de la faïence et de la poterie en général	47,5 27,5	Ensemble 17	....	Verre 15 0/0 de la valeur. Cristaux proh. Poterie grossière 6 fr. 100 kilog. Fine prohibée.	2	1	....
Tuilerie, briqueterie, fabrication de la chaux et du plâtre..	66,5	....	....	....	....	....	3
Fabrication des produits chimiques..................	22	Savon, 3.	....	Prohibés.	2	....	....
Industrie du chanvre et du lin.......................	360	Tiss. de lin, 20.	Fils de lin, 46. Tiss. de lin, 21.	100 kil. 40 fr. 60 à 400 fr.	2 2	1	....
Industrie du coton	500	Tissus, 74.	....	Prohibés.	2	1	....

Industrie de la laine	400	64	....	Prohibées.	2	1	....
Industrie de la soie	230	112	7	7 à 20 fr. le kilog.	2	....	....
Industrie du cuir et des peaux	300	Peaux tannées 8 Ouvrées, 18.	....	Prohibées.	....	....	3
Industrie du sucre de betterave	45	....	....		....	....	3
Papeterie, impression sur papier	25	19	....	100 kilog. 150 fr.	2	....	....
Librairie, imprimerie	25						
Construction de machines	15	5	4	100 kilog. 30 à 60 fr.	2	1	....
Horlogerie	30	2	6	La pièce 2 à 6 fr.	....	1	....
Fabrication des bronzes	25	7	....	Prohibés.	2	....	....
Fabrication du plaqué	6	3	....	Prohibé.	2	....	....
Orfévrerie et bijouterie	50	8	....	Le kilog. 100 à 200 fr.	2	....	....
Distilleries, brasseries	206	....	....	....	....	....	3
Industries diverses comprenant les suivantes	135	....	....	....	....	....	....
Industrie parisienne	....	6	....	....	2	....	....
Tabletterie, mercerie	....	24	3	100 kilog. 100 à 200 f.	2	....	....
Modes	....	6	....	12 °/₀ de la valeur.	2	....	....
Couleurs	....	3	....	100 kilog. 35 fr.	2	....	....
Parfumerie	....	8	....	100 kilog. 150 fr.	2	....	....
Arts et métiers	250	....	....	....	....	....	3
PRODUCTION TOTALE du travail industriel	3,001						

1° Des industries supérieures de la France donnant lieu à des exportations importantes.

Les industries dans lesquelles un peuple excelle, dans lesquelles il conserve sur ses rivaux une supériorité réelle, doivent être pour lui l'objet d'une sollicitude toute particulière. Plus naturelles à son génie, à ses mœurs que toutes les autres, c'est à leur développement qu'il aurait à consacrer la plus grande partie de son activité le jour où s'appliqueraient dans le domaine économique, les idées de fraternité des peuples qui vont bientôt, il faut l'espérer, présider aux relations politiques. C'est dans une division bien entendue du travail que peut être le point de départ d'une fraternelle association des nations; chacune d'elles se trouvant une supériorité incontestée dans quelques branches du travail industriel, que ne songeraient pas à lui disputer d'autres peuples occupés à conserver celle qui leur serait reconnue.

Sans insister sur ce sujet un peu étranger à notre but, nous dirons que les industries dans lesquelles la France excelle méritent toute sa sollicitude; c'est leur développement qui mérite toutes ses sympathies, car si un jour les obstacles des douanes venaient à s'abaisser devant le besoin des peuples de se rapprocher, la richesse du pays résiderait presque exclusivement dans ces industries dont le développement serait immense, n'ayant plus la limite forcée du marché intérieur.

Pour passer en revue ces industries dans lesquelles la France possède une certaine supériorité, nous rangerons celles indiquées comme telles dans le tableau qui précède en trois classes, renfermant la presque totalité de nos exportations :

1° Tissus;

2° Produits chimiques;

3° Articles de goût, comprenant tout ce qui se rapproche des arts.

PREMIÈRE SECTION.

Tissus de soie.

La fabrication des étoffes de soie est, sans contredit, celle qui fait le plus d'honneur à notre pays. Des concurrents ont pu, en Suisse et dans les provinces Rhénanes, à l'aide de prix de main-d'œuvre moins élevés, lutter pour les tissus unis, mais pour les tissus brochés une supériorité réelle et incontestée nous est toujours restée.

Cette magnifique industrie qui acquiert à des prix élevés toute la soie dont la production enrichit le midi de la France et qui lui tient ouvert un débouché au moins égal, vu la quantité de soie qu'elle acquiert à l'étranger, produit une valeur de 230,000,000 de fr. avec 100,000,000 fr. de soie. Sur cette quantité 60 à 80,000,000 fr. sont consommés en France et le reste est exporté.

Tout le monde connaît l'organisation de l'industrie de la soie si essentiellement démocratique. On sait que les métiers, au nombre de 45,000 dans l'arrondissement de Lyon, de 30,000 dans celui de Saint-Étienne, ceux-ci spécialement consacrés aux rubans, en nombre considérable quoique moindre à Nîmes, à Avignon, etc., appartiennent à des chefs d'ateliers qui en possèdent deux ou trois et que les grands établissements n'ont jamais pu soutenir la concurrence des plus simplement, à meilleur marché chaque opération; de là enfin, supériorité et progrès de la fabrique d'Elbeuf.

Si la fabrication de draps a pu, grâce à l'activité d'Elbeuf et des petites fabriques du Midi, organisées sur des bases analogues, conserver un débouché important, c'est surtout dans la création de nouveaux produits que l'organisation démocratique a montré sa force.

Lorsqu'il y a quelques années la grande mesure d'une union douanière entre la France et la Belgique fut proposée, les représentants de l'industrie des draps se récrièrent en disant qu'Elbeuf serait tué par Verviers.

Verviers est en effet le centre d'une fabrique de draps d'une très-grande importance.

Moins gênée par les droits de douane sur la matière première, ayant la houille, le fer, la main-d'œuvre à meilleur marché qu'en France, la fabrique belge est dans une position extrêmement avantageuse. Joignez à cela que cette fabrique, déjà prospère sous l'empire, ayant à cette époque un débouché considérable pour ses produits, a réalisé des bénéfices considérables; tout le monde connaît la richesse des familles Simonis, Biolley, qui sont à la tête de cette industrie.

Mais depuis l'époque où, pour la première fois, il fut question d'union douanière entre la France et la Belgique, une fabrication nouvelle est survenue, c'est l'article dit nouveauté, qui pour nombre d'emplois est venu se substituer au drap. Résultat de combinaisons extrêmement variées dans le tissage, la teinture, l'emploi de matières premières diverses, cet article était éminemment propre à utiliser la fécondité d'invention de nos fabriques d'Elbeuf, de Roubaix, etc. Aussi la fabrication de ces articles a-t-elle pris un développement considérable et les grands établissements de Verviers sont-ils impuissants à soutenir la lutte contre ces produits qui varient sans cesse. A peine la fabrication d'un de ces articles y est-elle organisée, que déjà des articles plus nouveaux sortent des ateliers français et font abandonner les anciens.

Aussi quand dernièrement de nouveaux projets d'union douanière ont été discutés en Belgique, a-t-on vu Verviers effrayé d'une union fort désirée quelques années auparavant et redoutant une concurrence dont on avait espéré alors avoir assez bon marché.

Si de l'industrie des draps et du travail de la laine cardée, nous passons au travail de la laine longue, de la laine peignée, nous arrivons à une industrie qui a pris en France de magnifiques développements et qui fait le plus grand honneur à l'intelligence de nos fabricants. Faire en laine toutes sortes d'étoffes légères était un des plus beaux problèmes à résoudre, et on peut dire que la France l'a admirablement résolu. Mais si la filature permettant la fabrication des mérinos et étoffes semblables avait un débouché propre, quelle assistance a trouvé cette industrie dans l'emploi intelligent de ses produits mélangés avec le coton, de la soie, servant à fabriquer des châles, mille étoffes variées, notamment la mousseline-laine imprimée. La laine longue est devenue une des bases capitales de notre industrie, une de celles à la prospérité de laquelle nous devons veiller le plus attentivement ; et certes ce n'est pas son moindre élément de succès que le travail intelligent des nombreux fabricants de Lyon, de Reims, de Roubaix, etc.

Cotons imprimés.

La filature du coton est aujourd'hui une des plus belles industries de la France. Le nombre et l'importance des établissements qui filent le coton ne sauraient être niés, et cependant nous aurions grand'peine à lutter avec l'Angleterre, si la prohibition tombait. Mais il n'en est plus ainsi quand le tissu de coton a été imprimé.

C'est donc à nos nombreux dessinateurs, teinturiers, à nos nombreuses fabriques d'impression que nous devons surtout le débouché important, que la filature ne saurait trouver seule. Nous en reparlerons plus loin.

Notons seulement ici, les bazins piqués, et articles divers, qui s'exportent grâce aux petits ateliers de Roubaix ; la mousseline fabriquée à Tarare (avec des fils anglais le plus souvent) dans des ateliers semblables à ceux de Lyon, et on en conclura que notre supériorité n'est pas encore ici dans l'industrie automatique.

Batistes.

Malgré la découverte de la filature du lin à la mécanique qui tend à déplacer la production des fils et toiles de chanvre et de lin, il est un article de la production duquel la Flandre a su garder le monopole et qui donne lieu à une exportation importante. Ce sont les batistes tissées avec des fils d'une finesse et d'une régularité admirable, que ne peut créer le travail mécanique et que produisent si admirablement nos paysannes de la Flandre.

DEUXIÈME SECTION.

Industries chimiques.

L'importance, le brillant avenir réservé en France aux industries qui reposent sur les sciences chimiques n'a pas encore été assez apprécié à sa juste valeur. La diffusion des connaissances qui existe dans notre pays (où la chimie a véritablement pris naissance), le rôle assez restreint du capital dans la fabrication de produits qui n'exigent en général pour être créés que des établissements formés de quelques fourneaux et quelques hangars, ce qui permet presque toujours à celui qui fait la découverte d'en récolter les profits ; l'appui mutuel que se prêtent les usines de ce genre en se multipliant, une fabrique nouvelle utilisant souvent les résidus de l'usine voisine, telles sont les causes qui nous font considérer les industries chimiques comme d'une extrême valeur pour notre pays.

Bien des personnes, à force d'entendre parler de forces motrices, de machine à vapeur, s'imaginent à tort que sur celles-ci repose toute fabrication.

En effet l'industrie ne se propose pas seulement de modifier la forme des corps comme le fait l'industrie mécanique, elle se propose encore souvent de changer leur nature même, c'est le but de l'industrie chimique. Et si une découverte moderne pouvait être mise en parallèle avec la machine à vapeur, nous ne croyons pas qu'on pût en trouver une plus importante que celle de la fabrication de l'acide sulfurique dans les chambres de plomb, qui en permettant de produire cet acide à bas prix, a mis à la disposition de l'industrie une source précieuse de force chimique.

Passons en revue quelques-unes de nos principales industries chimiques.

L'acide sulfurique et la soude sont les deux principaux produits créés par le progrès des sciences chimiques. Fournissant un acide et un alcali puissants, ils servent d'éléments pour la création d'une foule d'autres produits. La fabrication de la soude notamment dont l'absence par suite de la cessation du commerce extérieur fut un instant bien durement sentie pendant les guerres de la révolution, est un des plus beaux legs de cette glorieuse époque. Provoqués par l'appel des comités révolutionnaires à extraire la soude du sel marin, les chimistes proposèrent divers procédés. L'adoption de celui de Leblanc après de nombreux essais fit naître une industrie, qui non-seulement nous a affranchis d'une importation annuelle de 8 ou 10 millions, mais encore nous a permis une exportation importante de divers produits dans lesquels entre la soude, bien que sa préparation se fasse aujourd'hui dans tous les pays. Une nouvelle découverte due au savant M. Ballard permet d'extraire directement le sulfate de soude des marais salants et est appelée à conserver à la France sa supériorité dans cette production.

La fabrication *des savons* a pris une grande importance en France par suite du bon marché de la soude; on sait à quel degré de prospérité, à quel nombre considérable d'établissements de ce genre a atteint la fabrique marseillaise, qui trouve aujourd'hui une concurrence dans la savonnerie parisienne créée surtout pour utiliser les résidus de la fabrication des *bougies stéariques,* dont la découverte est due à M. Chevreul, qui a doté notre pays d'une industrie extrêmement profitable.

La parfumerie est devenue une annexe importante de la savonnerie, tant par la variété des produits que par le goût avec lequel on sait les disposer pour la vente.

Les amidonneries, les féculeries, la fabrication de la colle forte, du noir d'os, du phosphore, etc., ont un grand développement et fournissent d'importants produits.

La tannerie est une des industries les plus rebelles aux progrès que la chimie tente d'apporter aux anciennes méthodes. Cependant des essais nombreux n'ont pas été sans fournir de précieux résultats, et tout fait prévoir le jour où l'opération du tannage des peaux sera basée sur des procédés méthodiques et expéditifs.

La papeterie est une industrie dont la prospérité est assurée par l'abondance de la matière première, grâce à la grande consommation du linge de chanvre et de lin en France. Il s'est accompli dans cette industrie une concentration due à l'invention des machines à papier continu, qui ont fait remplacer par un petit nombre de grands établissements, les nombreuses papeteries à la forme qui dans certains pays se trouvaient dans chaque village situé sur un cours d'eau. La réalisation de ce progrès, regrettable au point de vue de l'intérêt d'un grand nombre de petits fabricants, était inévitable ; il en est nécessairement ainsi lorsqu'une fabrication simple devient possible par un ensemble entièrement automatique.

C'est surtout sous le rapport des procédés chimiques que la papeterie française est remarquable ; le blanchiment au chlore ; la colle de résine, etc., sont des inventions françaises.

Les couleurs forment un important article d'exportation.

Les glaces coulées sont fabriquées en France, avec une véritable supériorité, dans les beaux établissements de Saint-Gobain et Cirey. Nous verrons plus loin que nos grandes cristalleries, malgré la beauté de leurs produits, ne peuvent lutter à l'étranger avec les petits établissements de la Bohême.

TROISIÈME SECTION.

Objtes de goût. — Arts d'imitation.

La teinture et l'impression sur étoffes, qui se rapportent également à la série précédente et à celle-ci, constituent une des plus belles et plus vitales industries de la France : bon goût des dessins les plus variés, richesse d'invention de procédés pour l'extraction, la préparation des substances tinctoriales, des mordants, de nouvelles couleurs, de procédés de gravures, de multiplication de ces gravures, telles sont les bases puissantes de sa prospérité. Exploitée dans un nombre très-considérable d'ateliers à Rouen, à Paris, à Mulhouse, ateliers dont le développement quelquefois considérable est dû bien plus à des succès de fabrication qu'à des placements de gros capitaux antérieurement accumulés, cette industrie est une de celles qui sont appelées au plus grand avenir et dont le présent est le plus beau. La fortune y est la récompense de tout coloriste, tout dessinateur, tout ouvrier intelligent qui sait trouver une couleur, combiner un dessin, inventer une machine, aussi y règne-t-il une émulation admirable.

Papiers peints.—Cette industrie est toute française, inventée par un fabricant français, elle est exploitée avec une supériorité incontestée par ses successeurs. L'organisation de cette fabrique est très-remarquable. Concentrée au faubourg Saint-Antoine à Paris, divisée en une quantité considérable de petites fabriques au-dessus desquelles ne s'élève qu'un petit nombre d'établissements un peu importants, qui ne peuvent soutenir la lutte qu'avec les plus grands efforts, cette fabrication n'en crée pas moins avec une fécondité extraordinaire des produits d'un goût parfait, et la variété de la production est telle que la planche à la *main* n'a pu trouver de rivale dans les cylindres et inventions diverses partant de gravures plus coûteuses et dont les frais ne sauraient se retrouver la plupart du temps, car un nouveau genre de dessin a bientôt fait abandonner celui de la veille.

La lithographie, *la gravure*, ont en France un développement important. Le produit est ici trop près de l'art pour que la concentration du travail puisse avoir lieu dans de grands ateliers. La plupart des imprimeurs lithographes sont des écrivains ayant pu par leur talent faire quelques épargnes qui leur permettent de s'établir.

Les heureuses dispositions pour les arts de la forme qui existent en France chez tant de personnes, dispositions bien importantes à cultiver, car elles font la base la plus solide de notre richesse industrielle, nous assurent dans ces industries une place de premier ordre.

L'imprimerie n'est pas libre en France, elle ne peut s'exploiter qu'à l'aide de brevets dont le nombre est limité. Cette restriction sans laquelle, comme l'expérience l'a indiqué, le nombre des établissements serait très-grand, est surtout fâcheuse, en ce que le prix des brevets augmente beaucoup les difficultés que rencontre l'ouvrier intelligent à s'établir, à passer dans la classe des maîtres. Cet inconvénient n'est pas racheté par la prospérité des établissements existants qui malgré leur nombre limité, ne s'en font pas moins une concurrence très-active. Ils ne profitent même pas d'un privilége que la prospérité d'une classe de citoyens pourrait seule excuser, car en admettant la nécessité de surveiller la presse, c'est à une administration active à y parvenir quel que soit le nombre des établissements.

La bijouterie, l'orfèvrerie, le plaqué, les bronzes, etc., constituent des industries dans lesquelles l'esprit d'invention, le bon goût de notre nation a trouvé à s'appliquer avec un grand succès.

La bijouterie et surtout la fausse bijouterie, qui a pris des développements considérables dans ces dernières années, donne lieu à une division du travail infinie. Dans le grand nombre de genres de bijoux différents, le moindre détail de fabrication donne lieu à une industrie. Parcourez les rues Saint-Denis et Saint-Martin à Paris, siége principal de cette fabrication, sur chaque porte vous verrez l'adresse d'un estampeur, d'un graveur, d'un émailleur; l'un fabrique les anneaux, l'autre les boucles, l'autre les chaînes, etc., et au milieu de cette variété de fabrication, tout ouvrier intelligent qui a de l'habileté, qui par quelque heureuse invention ou quelque tour de main nouveau, peut fabriquer quelque article avec quelque supériorité, s'établit et bientôt peut à l'aide de son travail parvenir à l'aisance.

Il est impossible de se figurer quelle énorme dépense d'intelligence se fait dans une industrie organisée de la sorte; aussi notre bijouterie est-elle un objet d'exportation assez important malgré les droits de douane qui lui rendent difficiles les abords des pays où elle trouverait ses débouchés les plus avantageux ; car nulle part elle ne rencontre de rivaux apportant des objets aussi brillants, d'aussi bon goût et à un prix aussi bas que ceux établis par nos ouvriers.

Le plaqué était fabriqué sur une grande échelle par les Anglais au moment où on a importé en France cette industrie. Aucune autre peut-être ne montre mieux la tendance des deux peuples à organiser leurs industries sur des bases différentes.

La plupart des objets qui se fabriquent en plaqué, peuvent être obtenus par deux procédés différents. L'un repose sur l'emploi d'estampes d'acier dans lesquelles le métal est façonné à l'aide du balancier, c'est le système employé par les Anglais pour fabriquer économiquement, mais à l'aide d'un matériel coûteux et de puissantes machines; l'autre consiste à retreindre le métal sur le tour et à obtenir les formes voulues presque uniquement à l'aide de l'habileté de l'ouvrier et avec un matériel très-restreint. C'est le système adopté en France, et il faut bien qu'il y ait quelque chose de vital dans une semblable division de travail pour que malgré l'infériorité sensible du procédé, nous luttions avec les Anglais sur les marchés étrangers. La seule opération qui exige l'intervention de machines puissantes est celle du laminage du plaqué ; aussi se fait-elle habituellement à Paris dans des établissements spéciaux qui font ce travail à façon pour le compte des fabricants de plaqué, le travail étant ainsi passé des grands établissements à un travail morcelé par la création d'un laminoir banal ; exemple bien curieux d'une solution souvent applicable, sur laquelle nous aurons à revenir.

Articles de Paris. — Nous comprenons sous ce mot la

série d'articles qui porte peut-être le cachet le plus caractéristique de la tendance naturelle de notre industrie. On sait combien l'exportation qui se fait de ces articles est importante et de combien d'articles elle se compose ; articles de peu de valeur intrinsèque, mais dont le bon goût fait le prix. On distingue principalement, *les modes, la ganterie, les chaussures de dames, la tabletterie, l'ébénisterie, l'horlogerie, les parapluies, le cartonnage,* etc., etc. De tous ces articles pas un n'est le produit de machines puissantes, pas un n'est produit dans de grands ateliers. Ce sont des ouvriers en chambre, de petits fabricants qui se partagent la création de ces articles pour lesquels notre supériorité est incontestable et devant lesquels les puissants moyens de production de la manufacture anglaise baissent pavillon.

Des industries inférieures de la France.

LUTTANT CONTRE DES IMPORTATIONS IMPORTANTES OU PROTÉGÉES PAR DES PROHIBITIONS.

Les industries dont nous allons parler donnant lieu à des importations gênées par des droits de douane, ou ne s'exerçant qu'à l'abri de prohibitions, sont pour la nation la source de sacrifices qui équivalent à de véritables impôts. Nous laissons aux partisans du libre échange le développement de cette thèse, dont ils ont à notre avis poussé trop loin les conséquences ; mais il nous paraît impossible en tout cas pour tout homme de bonne foi d'admettre que les sacrifices qu'entraîne un pareil état de choses doivent être permanents. Ce n'est pas un pays comme la France qui doit se proposer pour idéal de vivre comme la Chine, derrière une muraille qui le sépare de tous les autres peuples, et cependant il faudra bien avec les progrès que font tous les peuples dans la carrière industrielle nous décider à ne rien exporter si nous ne voulons rien importer, car il est impossible que notre industrie ne produise pas plus chèrement que l'industrie étrangère, si nous nous contraignons à payer toujours à un prix plus élevé qu'elle certains produits essentiels qui forment la base des diverses fabrications.

Mais la question commerciale n'étant pas ce qui nous occupe principalement ici, nous ne nous étendrons pas sur ce sujet, voulant seulement établir que les industries que nous appelons inférieures n'ont pas l'importance des industries supérieures. Cela est bien évident pour les partisans de la liberté du commerce, mais nous paraît devoir être admis même par les ennemis de cette théorie pour toutes les industries que des conditions spéciales, des obstacles matériels par exemple, condamnent à être toujours dans un état d'infériorité dans notre pays. C'est ainsi par exemple qu'on a renoncé à protéger par des droits élevés la coûteuse extraction du salpêtre *national* obtenu par le lessivage des platras depuis que le nitrate de soude trouvé en immenses couches au Chili a permis d'obtenir ce produit à un prix modéré.

Passons donc en revue nos industries que les états de douanes nous signalent comme inférieures à celles d'autres pays et cherchons à indiquer la voie dans laquelle il faudrait s'avancer courageusement pour voir se terminer le plus tôt les sacrifices que le pays s'impose pour leur protection.

Mines et Métallurgie.

En tête des industries qui donnent lieu à des importations considérables, ou qui ne se développent qu'à l'abri de droits de douane élevés, on doit placer l'extraction des substances minérales et la préparation des métaux. Il faut bien en convenir, l'infériorité de notre nation est flagrante sous le rapport de ces industries. Certes il est impossible que nous arrivions à certains développements que peuvent seuls obtenir les pays favorisés de mines plus riches et plus abondantes que les nôtres, mais obtenons-nous tous les résultats que peuvent permettre d'espérer les richesses naturelles que renferme notre sol? Là est toute la question. Or, à l'exception de l'industrie du fer, qui est très-considérable, nous ne pouvons compter que deux ou trois usines un peu importantes pour l'extraction du plomb. Ce n'est pas là la limite de ce que nous pouvons faire en métallurgie.

On a souvent répété que les Français n'étaient pas propres à ce genre de travail et qu'ils n'y trouvaient pas l'emploi de leurs qualités. Cela est évidemment une mauvaise plaisanterie. Est-ce que nos ingénieurs des mines ne sont pas aussi instruits et aussi actifs que les meilleurs métallurgistes de l'Europe? est-ce que nos ouvriers perdent leur intelligence en descendant dans les mines?

Il faut pourtant qu'il y ait une cause à cette infériorité reconnue; ne résiderait-elle pas dans l'organisation de notre industrie métallurgique? Quel est l'esprit de la législation qui régit les concessions des mines?

Dans cette circonstance comme dans tant d'autres, on s'est demandé comment était organisée l'industrie anglaise, et l'on s'est empressé de l'imiter. Frappés de l'importance des établissements métallurgiques de l'Angleterre, des immenses travaux auxquels les ressources de compagnies puissantes pouvaient seules suffire, les rédacteurs des lois qui régissent les mines, ont proscrit les petites concessions, le travail sur petite échelle ; de telle sorte qu'il arrive chaque jour que l'inventeur d'une mine, voit, lors de la concession, celle-ci accordée à une compagnie voisine par le conseil d'État, préoccupé de donner à la loi sa véritable interprétation en créant à tout prix de grandes concessions pour de puissantes compagnies.

Le résultat d'un pareil système n'a pas été ce nous semble fort heureux, et pouvait-il en être autrement, au milieu d'une société organisée comme la société Française. N'aurait-il pas fallu que celle-ci se transformât en quelque sorte pour agir comme le font les Anglais? N'y avait-il pas pour développer en France l'industrie métallurgique, d'autre moyen plus approprié à l'organisation de notre société industrielle et qui eût donné des résultats bien meilleurs? C'est ce que nous allons voir en passant en revue nos principales industries de ce genre.

Extraction de la houille.

La plupart des exploitations de houille créées sous l'empire des lois existantes, protégées par des droits de douanes, fournissant une matière première réclamée par toutes les industries, se sont élevées presque de suite à des proportions énormes. Anzin est le type le plus brillant de ces beaux établissements, et sa prospérité prouve surabondamment l'importance des bénéfices nets que peut rapporter à une riche compagnie, cette exploitation à l'anglaise d'abondantes richesses minérales.

A une époque plus reculée, le bassin houiller de Saint-Étienne et celui de Rive-de-Gier donnaient lieu à des extractions considérables, mais dans ces exploitations, la propriété des mines était partagée entre un nombre très-grand de producteurs. Le travail avait donc lieu sous une forme mieux appropriée à notre organisation industrielle que celle des grandes compagnies.

La multiplicité des extractions dans un même bassin n'est cependant pas sans inconvénients graves quand les intérêts des exploitants sont entièrement différents. Une semblable organisation ne peut évidemment subsister qu'avec un syndicat fortement organisé sous la surveillance du pouvoir central qui force à l'exécution des travaux d'ensemble nécessaires à la prospérité de tout le bassin et surveille l'exécution des règlements faits en vue de l'intérêt général. C'est pour n'avoir pas su résoudre les difficultés d'exécution d'une semblable organisation que le gouvernement n'a osé s'opposer à l'Association des mines de la Loire qui est venue réunir dans une même main la très-majeure partie des mines du bassin de Saint-Étienne, offrant à chaque propriétaire un produit net supérieur à celui précédemment obtenu, par l'espoir non-seulement de l'économie d'une exploitation moins coûteuse, mais surtout en vue de la facilité de dominer les cours que peut espérer un seul vendeur, c'est-à-dire en réalisant d'importants bénéfices par l'exploitation du consommateur, plutôt que par une augmentation de richesse sociale. Triste résultat des idées d'agiotage et de monopole dues à la fièvre qu'a donnée récemment au pays l'émission d'une multitude d'actions de chemins de fer.

Industrie du fer.

L'industrie du fer est bien ancienne en France et a toujours donné d'importants produits. L'abondance des minerais riches, la grande étendue des forêts dont les forges sont le principal débouché, ont multiplié considérablement les usines à fer, et permis à cette industrie de fournir tous les produits dont le commerce a besoin. Les forges catalanes des Pyrénées, les fourneaux et forges de l'Isère alimentées par le charbon des forêts des Alpes, ont fourni de tout temps des aciers et des fers aciérés ; la Franche-Comté a donné les fils de fer ; les usines des Vosges, la clouterie et des fers de qualité ; le Berry, les fers de roche, etc. Cette industrie, divisée en établissements très-nombreux, placés près de chaque affouage, paraissait à l'abri de toute transformation radicale, tant que le charbon de bois a été seul employé pour la préparation du fer. Mais les Anglais dont le sol si abondamment fourni de houille est pauvre en forêts, ayant résolu le problème de l'extraction du fer de ses minerais à l'aide de la houille et ayant fait de cet admirable progrès la base fondamentale de leur prospérité industrielle, la *forge à l'anglaise* dut aussi être introduite en France avec ses facultés de production presque illimitées, ses machines puissantes, ses méthodes accélérées de travail. Dans ce cas encore la forme donnée par l'esprit français à cette industrie a dû céder devant celle adoptée par l'Angleterre.

C'est en vain qu'à l'abri de droits de douane fort élevés (protection qui a surtout profité aux propriétaires de forêts, dont le revenu est en grande partie payé par les consommateurs de fer) les forges au bois ont continué à exister et sont même aujourd'hui, grâce aux développements des chemins de fer qui ont fait monter le prix du fer, dans un état momentané de prospérité. Bientôt sans doute une crise terrible aura lieu pour les établissements qui ne sont pas protégés par la qualité supérieure de leurs produits et le bas prix tout particulier des approvisionnements. Comme près de la mine, la houille coûte toujours un prix bien inférieur à celui du bois; la concurrence des *forges à l'anglaise*, montées pour la fabrication des rails sur une grande échelle sera fatale à bien des usines, trop éloignées des mines de houille pour avoir pu se transformer; et les droits de douane seront impuissants pour protéger nos anciennes usines.

La transformation de l'industrie du fer et sa concentration dans d'immenses ateliers situés près des mines, produisant des quantités presque illimitées de fer, tels que sont déjà le Creuzot, Decazeville, Hayange est un fait hors de doute aujourd'hui. La concentration d'une production aussi capitale que celle du fer en un petit nombre d'établissements immenses donne à ceux-ci une importance énorme qui en fait presque des ateliers sociaux, c'est-à-dire chargés d'un grand intérêt de la société et pouvant agir puissamment en bien ou en mal sur le bien-être de celle-ci. Nous reviendrons plus loin sur ces considérations.

Extraction du plomb.

Le plomb n'est guère plus exploité en France sur une grande échelle qu'à Poullauen en Bretagne, et à Pont-Gibaud en Auvergne. Les anciennes usines de Sainte-Marie-aux-Mines dans les Vosges, d'Allemont dans les Alpes, plusieurs dans les Pyrénées, ne sont plus exploitées aujourd'hui, et la production de la France est réduite au quart à peine de sa consommation. La cause principale d'un semblable état est dans le prix peu élevé des plombs qui nous viennent d'Espagne et du Missouri, et qui provenant de minerais qui se trouvent en amas souvent considérables, en sont extraits à un prix bien inférieur à celui que coûte en France l'exploitation de minerais en filons. Aussi, malgré un droit de douanes de 10 p. 100 qui grève le plomb à l'entrée au détriment du consommateur, il ne se trouve guère de producteurs pour en profiter.

Il semblerait d'après cela que dans toute l'Europe la majeure partie des minerais de plomb en filons doit être abandonnée comme en France et que la production de ce métal est réservée seulement aux pays plus favorisés par la nature. Eh bien ! il n'en est rien ; allez en Angleterre, en Allemagne, parcourez le Hartz par exemple, ce pays de mines si célèbre, vous verrez des populations entières occupées à poursuivre des filons souvent plus pauvres que ceux qui restent en France sans exploitation et dont la valeur demeure enfouie dans notre sol sans que nous sachions aller l'y chercher.

Il est facile d'expliquer la cause d'un semblable résultat. Nous avons vu à l'œuvre la compagnie qui a repris en 1836 les concessions d'Allemont dans le Dauphiné. Ces mines justement célèbres se composent d'un nombre considérable de filons de plomb argentifère, dont plusieurs ont été attaqués.

Profitant pour se constituer d'une élévation momentanée dans le cours des plombs, cette compagnie réunit un nombre important de mineurs, monta des appareils de lavage des minerais d'après les meilleures méthodes, construisit de nouveaux fourneaux, explora et ouvrit de nouveaux filons. Après deux ou trois ans de travaux la compagnie ne put tenir, les cours du plomb ayant baissé, les fourneaux furent éteints et les filons de nouveau abandonnés.

Si l'on eût été en Angleterre au lieu d'être en France, il est infiniment probable que dans ce pays où les capitalistes sont plus nombreux, la société eût pu se constituer à un capital dix fois plus considérable que celui que la compagnie française a réuni. Un bien plus grand nombre de filons eût été mis en exploitation et par suite la chance d'en rencontrer de très-riches eût été beaucoup plus grande ; des économies de toute sorte eussent pu être apportées à l'exploitation, aux transports, aux fourneaux, et enfin une plus longue durée de l'exploitation eût permis d'user les mauvaises chances et sans doute de rencontrer les bonnes ; de retrouver enfin un jour et avec bénéfice les capitaux déboursés.

En effet, il ne suffit pas de copier la législation anglaise pour créer une industrie prospère, mais il faut le faire avec l'abondance de ressources qui se trouve au milieu des nombreux capitalistes de l'Angleterre, habitués à faire réussir les grandes affaires par l'emploi de grands capitaux engagés avec une intelligente persévérance.

Mais ce n'est pas là la véritable voie de la France. Le modèle qu'elle a à suivre, c'est l'exploitation du Hartz, qui plus sûrement que le système anglais, surtout pour une société démocratique, doit fournir d'excellents résultats. Dans le Hartz tout mineur n'est pas comme dans le système anglais, un simple manœuvre. Un très-grand nombre de ces mineurs sont de petits industriels. Tout individu peut attaquer un filon, poursuivre avec persévérance des chances de fortune, en respectant bien entendu les droits du voisin. Il résulte de là que tout mineur intelligent, appliquant bientôt dans son intérêt personnel son travail et celui de ses compagnons, dépense une énergie extrême, soutenu qu'il est par l'espoir du succès.

Lorsqu'il a obtenu une certaine quantité de minerai, il le transporte à Clausthal où est située la fonderie royale. Là d'après un échantillon qu'évalue un essayeur, le prix est fixé et il en touche immédiatement la valeur, sans qu'il ait à s'inquiéter des opérations postérieures. Sur cette valeur une retenue sert 1° à faire les travaux d'intérêt général, de desséchement, d'écoulement des eaux, et 2° à faire une pension aux vieux mineurs, aux veuves, à venir au secours des exploitants dont les filons sont trop pauvres.

Ce système qui n'est autre que l'exploitation démocratique des mines, comme le système anglais en est la forme aristocratique, a donné les plus admirables résultats.

Quelques heureux exemples de fortune soutiennent le courage d'une population énergique que rien ne rebute ; l'espoir fait supporter les privations du présent ; les travaux d'ensemble exécutés par le gouvernement sont faits avec un grandiose et la prévision d'un avenir qu'une compagnie ne saurait calculer ; telles sont des galeries d'écoulement pour assécher toutes les mines d'une contrée dont les travaux durent cinquante et même cent ans. Enfin la concentration des travaux métallurgiques dans les mêmes mains procure des économies très-importantes.

C'est véritablement dans ce système que nos minerais en filons devraient être exploités. C'est là ce qui convient à notre esprit, à nos mœurs. C'est par là que nous arriverons comme au Hartz à créer une belle et vigoureuse population de mineurs, ayant l'énergie et l'indépendance que donne à nos paysans la division de la propriété.

Comme au Hartz malgré le bas prix de la production de quelques pays plus favorisés, nous pourrons produire avec avantage ce qui paraît presque impossible aujourd'hui avec l'application imparfaite du système anglais, bien moins désirable sous tous les rapports.

Un exemple fera comprendre comment il est possible que les individus isolés obtiennent des résultats que des compagnies même puissantes seraient inhabiles à obtenir. Nous le prendrons dans l'exploitation de l'antimoine.

Ce métal se prépare en Auvergne. Il se trouve en filons disséminés et peu riches.

Presque toutes les exploitations montées pour travailler sur une grande échelle et suivre des filons en faisant des travaux un peu importants se sont successivement ruinées, à cause surtout du peu de continuité des filons. Cependant la production se continue toujours et cela par les travaux des paysans qui quand la neige couvre leurs champs continuent d'anciens travaux, exploitent des affleurements qu'ils ont remarqués et viennent vendre ce qu'ils ont pu ramasser de minerai, se contentant de ce qu'a produit un travail qui sans cet emploi eût été perdu faute de pouvoir l'utiliser à la culture des champs.

Industrie du coton.

L'industrie du coton dès longtemps prospère en France et répandue en un nombre assez grand d'établissements qui pouvaient rivaliser avec ceux de l'Angleterre à cette époque, s'est trouvée singulièrement inférieure le jour où le génie d'Arkwright créa la filature automatique, le chef-d'œuvre de l'industrie moderne. Des immenses établissements créés alors à l'imitation de l'Angleterre sortirent des masses considérables de produits, créés pour la plus grande partie par l'action seule des machines, à un prix de revient tellement réduit que la production ne pouvait plus en être faite par des moyens moins parfaits.

Après de longs travaux l'industrie cotonnière est enfin arrivée en France à un développement très-important. Secondée par la prospérité et l'éclat de l'industrie de l'impression des toiles peintes, elle n'est pas éloignée aujourd'hui de pouvoir soutenir la lutte avec sa rivale malgré le bon marché en Angleterre de la force motrice, grâce à l'abondance de la houille, de la fonte et du fer qui servent à construire les métiers.

M. Kœcklin a formellement déclaré que la suppression des droits de douane ne ferait pas périr la filature française, et nous croyons avec lui cette industrie capable de supporter cet assaut. La diminution des causes d'infériorité qui résultent du haut prix du fer et de la houille et en général des droits de douanes rendrait égales les armes des deux pays rivaux qui travaillent aujourd'hui avec les mêmes métiers, et où les progrès émigrent rapidement d'un pays dans l'autre.

Industrie de la laine.

Nous n'avons à parler ici que des tissus de laine contre lesquels les douanes protégent nos fabricants. Comme nous l'avons dit, notre industrie des laines cardées est seule dans ce cas, et l'industrie des laines longues est au contraire une des gloires de notre industrie. Si bien que l'industrie de la laine offre ce curieux spectacle d'être à la fois supérieure et inférieure, suivant la nature des produits, de donner lieu à des exportations ou d'avoir besoin d'être protégée par des prohibitions. Malgré les progrès de nos fabriques de drap depuis l'importation des machines anglaises, la concurrence belge et anglaise combat les exportations et serait fort à craindre pour la draperie ordinaire; ce n'est que dans la draperie de luxe et dans les articles de nouveautés que nous pouvons invoquer une supériorité réelle.

Les droits de douanes qui pèsent sur la matière première, les laines; le haut prix de la houille et par suite de la force motrice sont surtout cause de cette quasi-infériorité et nous croyons que pour atteindre et dépasser peut-être l'industrie étrangère, il ne faudrait qu'aider bien faiblement nos fabriques de draps d'Elbeuf, celles du Midi constituées pour la plupart sous la forme que tend à prendre naturellement l'industrie française.

Industrie de lin et de chanvre.

Cette industrie longtemps prospère en France, surtout dans la Flandre et la Bretagne, tant que la filature s'est faite exclusivement à la main, tend à se déplacer, depuis que les Anglais ont encore concentré cette filature dans d'immenses manufactures. Aujourd'hui que par des droits de douane considérables on a assuré de forts bénéfices aux personnes qui veulent fonder en France de semblables établissements, nul doute que nous n'arrivions à diminuer l'importation, à fabriquer aussi bien que les Anglais et à aussi bas prix dans certaines positions d'établissements, quand la valeur de ceux-ci aura été amortie et que nous serons arrivés à faire posséder ces établissements par de riches capitalistes en tout semblables aux capitalistes anglais ; condition nécessaire du succès de ces *factories*.

Les sacrifices que s'impose le pays pour cette industrie contribuent donc à faire passer aux mains du capitaliste les bénéfices d'un travail qui était autrefois l'apanage de nos ouvriers de la campagne. Était-ce dans cette direction que l'État avait des sacrifices à faire pour parer à tous les malheurs attachés à ce progrès ? Nous ne le pensons pas, et dirons plus loin comment il nous semble qu'on eût pû pousser cette industrie dans une meilleure direction.

Instruments aratoires, Taillanderie, Horlogerie, etc.

Parmi les autres articles d'importation d'objets manufacturés, ceux énoncés ci-dessus tiennent la plus grande place et entrent pour un chiffre important dans nos importations, malgré des droits de douanes élevés. La taillanderie, les limes, etc., viennent surtout de Styrie, où leur fabrication due à des populations très-industrieuses est puissamment secondée par la qualité de minerais qui donnent à très-bas prix d'excellent acier naturel très-propre à ces usages.

L'horlogerie commune est surtout produite par la Suisse, sous l'influence d'une organisation industrielle démocratique. Chaque ouvrier est pour ainsi dire fabricant dans les montagnes de la Suisse, et ce n'est que par une organisation de même nature que nous pouvons rivaliser dans le Jura français.

Autres articles.

Bien des articles entreraient en France si l'on supprimait les droits de douane. Tels sont, parmi les plus importants, les cristaux de Bohême, les poteries, et surtout les machines anglaises, grâce au bas prix de la fonte de fer en ce pays, à l'expérience et à l'habileté de quelques constructeurs. Cette industrie a pris en France un développement fort considérable, d'autant plus heureusement qu'elle est évidemment la base fondamentale des progrès de toutes les fabrications.

Les cristaux nous fournissent le curieux exemple d'une industrie qui est organisée par grands établissements en France et en Angleterre, et qui pourtant est obligée de s'avouer inférieure à la même industrie organisée en petits ateliers dans un pays voisin. C'est dans cette Autriche si arriérée, en Bohême, qu'existe cet exemple qui nous paraît bien curieux au point de vue auquel nous nous plaçons.

Nous extrayons ce qui suit des Lettres industrielles de M. Sallandrouze-Lamornaix, sur l'exposition de Vienne.

« Les verreries de Bohême prennent chaque jour plus d'importance, et augmentent chaque année leur exploitation. Elles trouvent dans la constitution politique du pays une source de prospérité. La plupart des propriétaires féodaux de Bohême possèdent d'immenses territoires couverts de forêts de sapins; et pour tirer parti de ces forêts, ils n'ont d'autres ressources que d'y établir des verreries qu'ils donnent à ferme, en fixant le prix du combustible pour toute la durée du bail. Lorsque la verrerie a consommé tout le bois qui se trouve autour d'elle, on la transporte ailleurs, dans une partie de la forêt non encore exploitée.

« Ces petites fabriques isolées ne font guère qu'ébaucher le travail, on transporte leurs produits dans des raffineries de verre, où ils reçoivent la dernière main, et où on leur donne ces formes variées qui distinguent le verre de Bohême. Plus de 20,000 ouvriers dans le cercle d'Hayda, sont occupés à tailler, graver, dorer ces divers objets, qui s'exportent avec tant d'avantage, et qui donnent un si riche aspect aux magasins de Prague, de Carlsbad, de Marienbad et de Vienne.

« Les perles de verre, les perles artificielles, la lustrerie forment une des plus curieuses branches de la fabrication du verre en Bohême. Cette industrie occupe 7,000 ouvriers, répandus dans les montagnes et dans les vallées qui avoisinent Wisental. Le travail s'y fait en famille; les enfants y concourent dès l'âge de cinq à six ans. Les verreries de Gablonz et de Liebenau leur fournissent la matière première au plus bas prix ; et de plus c'est à peine si la main d'œuvre (ce travail alterne en général avec les travaux agricoles) s'élève à une moyenne de 40 cent. par jour pour les hommes, et de 10 cent. pour les enfants.

« *Dans ces conditions* excessives de bon marché, la fabrication des perles et de la lustrerie ne craint aucune concurrence étrangère ; aussi pénètre-t-elle sur tous les marchés sans rivalité possible. Elle envoie ses produits en France, en Angleterre, en Hollande, elle a ses débouchés en Orient, en Égypte, dans l'*intérieur de* l'Asie et même en Chine. »

Industries locales.

Nous désignons sous le nom d'*industries locales* celles qui s'exercent nécessairement sur les lieux de consommation ou créent des produits qui, à cause de leur faible valeur, ne peuvent supporter de longs transports. Tel est le cas de la briqueterie, des tuileries, de l'exploitation du plâtre, de la chaux, etc., industries sur lesquelles nous n'avons pas à insister, tel est surtout le cas des arts et métiers dont nous allons parler.

Les arts et métiers se rapportent à une production très-considérable, et emploient un nombre très-grand d'ouvriers. Dans tous les pays ce sont presque toujours d'anciens compagnons qui deviennent maîtres, en France l'exception est extrêmement rare. M. Schnitzler indique fort bien l'organisation des arts et métiers dans le passage ci-joint que nous reproduisons pour n'être pas accusés de trop vouloir tout ramener à notre point de vue ; chacun au reste a été à même d'en vérifier fréquemment l'exactitude.

« C'est par spéculation plutôt que sur *commandes* que le travail est entrepris (dans les manufactures), la production se fait en grand....... Rien de semblable ne se rencontre dans .. simple atelier de l'*artisan* professioniste : c'est lui-même qui fait le travail avec un petit nombre de compagnons, et à l'aide de leurs bras réunis ; ainsi que lui, ses ouvriers en connaissent toutes les parties, et ont besoin d'employer leur intelligence pour remplir leurs fonctions souvent fort compliquées. C'est d'ailleurs presque exclusivement sur commande, et non pas par spéculation, que le maître entreprend l'ouvrage, et celui-ci généralement est d'un usage immédiat ; ici, ce qu'on produit, ce ne sont plus des matériaux pour une nouvelle production, ce sont des objets usuels servant à la nourriture, à l'habillement, à l'habitation, à la locomotion, etc., en un mot aux besoins de tous les instants. Avec de faibles moyens, l'artisan suffit aux exigences de sa position : les grands capitaux lui sont inutiles. Il n'en est pas de même des facultés intellectuelles ; plus il en possède, plus il a pu les développer, et plus aussi son travail sera fructueux, plus il offrira d'avantages. »

Dans les arts et métiers chacun sait que l'apprenti devient compagnon après un certain temps, et c'est des compagnons les plus intelligents que sortent les maîtres, qui partant d'un capital minime parviennent souvent à la fortune. Cette population de travailleurs est donc organisée à peu près aussi bien qu'on pourrait le souhaiter sous le rapport le plus important ; aussi quand l'ouvrage est abondant est-elle en général peu disposée à élever des plaintes, mais lorsque l'ouvrage vient à baisser comme dans certaines saisons pour les constructions, la nature de ses travaux ne rendant pas possible une production anticipée, cette stagnation est bien douloureuse pour l'ouvrier qui ne peut tirer aucun parti de ses bras s'il n'a pu économiser quelques ressources pendant les temps plus prospères.

L'influence heureuse de l'instruction professionnelle est avec raison rappelée dans le passage rapporté ci-dessus, elle forme le plus grand capital nécessaire pour s'établir. Avec des cours en nombre suffisant et facilement suivis par tous quand l'instruction primaire aura reçu les développements qui se préparent, le compagnon charpentier intelligent, par exemple, sera bientôt capable s'il le veut, de mener le travail d'un chantier et plus tard de passer maître avec l'assurance d'être désigné à des constructeurs par l'architecte ou l'ingénieur qui l'aura vu à l'œuvre.

Résumé.

De l'examen qui précède il résulte bien clairement : que l'industrie s'exerce en France sous deux formes, deux organisations différentes que l'on peut appeler artificielles et naturelles.

Les industries artificielles sont pour nous celles que nous voyons exploitées en France par grands ateliers, les forges à l'anglaise, les filatures de lin, de coton, etc., créées artificiellement à l'abri de la protection des douanes, qui les ont fait importer sous la forme anglaise, avec la constitution économique qu'elles ont revêtue dans une société différente à tous égards de la nôtre. Nous ne prétendons nullement nier la haute valeur de ces industries, tout ce que nous voulons dire, c'est qu'elles n'ont pas été organisées telles que nous les voyons par la libre expansion de l'esprit français, qui les eût créées sans aucun doute sous une autre forme, et nous en avons la conviction, les eût amenées plus rapidement à faire des progrès suffisants pour n'avoir plus besoin de la protection des douanes.

Ce fait s'explique au reste facilement. Lorsque des droits élevés d'importation viennent rendre possible une pareille industrie, c'est le grand capitaliste seul qui peut se lancer dans une voie où tout est à créer en conformité du modèle étranger; et le début se trouve être un immense établissement contre lequel la concurrence des petits capitaux isolés, de la seule habileté professionnelle, est impossible.

Les industries naturelles, qui correspondent aux industries supérieures et locales, comme les artificielles aux inférieures, ont la forme économique qui résulte du libre développement du génie, des mœurs, de la nation française. Il s'y est établi un morcellement de la propriété industrielle, qui permet à l'individu intelligent de s'élever à l'aide de ses facultés intellectuelles, de petits capitaux formés par l'épargne. La division du travail poussée à l'infini fait naître un entrepreneur pour chaque fraction de travail.

Ces industries sont, comme nous l'avons vu, les plus importantes, ce sont donc elles qui donnent le véritable type de notre organisation. Cette conclusion sera celle de toutes les personnes qui connaissent l'industrie française, elle n'a pu échapper à la *Société d'encouragement*, qui dit dans son rapport sur la situation de l'industrie française : « Pour se former une idée juste de la situation des ouvriers adonnés à nos diverses industries, et comprenant, l'agriculture exceptée, dix-sept millions d'hommes, de femmes et d'enfants, il faut, en premier lieu, compter tous ceux qui travaillent dans l'atelier de famille et qui composent beaucoup plus de la moitié des ouvriers. Dans l'autre partie, c'est encore beaucoup plus de la moitié qui ne compte pas au delà d'un compagnon par atelier.

« En un mot, de même que la France est le pays de la propriété divisée, celui de la petite propriété, la France est le pays de l'industrie divisée, des petits ateliers. »

Il n'est donc pas vrai d'une manière générale, comme on l'a souvent dit, que les progrès de l'industrie rendent impossible le passage de l'ouvrier à l'état de maître ; ils se trompent, les novateurs qui lui conseillent de renoncer à tout espoir de fortune et d'indépendance, d'absorber sa personnalité dans des associations d'une nouvelle espèce. On devrait se borner à dire que cette transition devient très-difficile dans les industries artificielles que nous empruntons à l'Angleterre sous la préoccupation d'une imitation servile, sans nous rendre compte si les sacrifices que nous exigeons du pays sous forme de droits de douane ne seraient pas mieux employés à créer ces industries essentielles sous une forme démocratique, en rapport avec les idées qui font l'honneur et la force du pays.

Relativement à la masse des travailleurs qui ne peuvent créer une filature de lin par exemple, comme un compagnon menuisier s'établit maître menuisier, les propriétaires de ces grands établissements, citoyens fort méritants au reste et fort utiles au pays dont ils ont contribué singulièrement à accroître la richesse, jouissent d'un monopole. Dieu nous garde de prendre ce mot dans un mauvais sens ! nous voulons dire seulement qu'ils se trouvent dans des conditions spéciales auxquelles le plus grand nombre de citoyens ne peut espérer satisfaire, quelques efforts qu'ils fassent, quelque capacité qu'ils possèdent.

L'étude des monopoles qui peuvent constituer pour quelques-uns des positions particulières, supérieures à celles du plus grand nombre, doit être faite à un point de vue tout politique pour déterminer ceux qui peuvent exister dans une société déterminée.

Ainsi considérons un monopole résultant d'un privilége conféré par le pouvoir, ce monopole est bien évidemment par sa nature même une *délégation* du pouvoir social. Celui-ci doit-il exercer le monopole ou le déléguer? La réponse dépend de la forme de la société dont il s'agit. Dans une société aristocratique, où le pouvoir est entre les mains d'une classe puissante qui forme le gouvernement même, on comprend bien, au point de vue de son intérêt politique, qu'elle se partage les monopoles qui perpétuent entre ses mains Richesses et Pouvoir. Mais dans une société démocratique un monopole créé par la législature, ne peut être délégué sans créer immédiatement, aux dépens de la masse entière de la nation, de grandes existences dont les tendances aristocratiques seront de réagir contre l'organisation de la Société.

Nous voici conduits à approfondir cette question du monopole, pour déterminer dans quel cas il est licite ou illicite; dans quelles limites il doit s'exercer dans une société démocratique. *Concurrence* et *Monopole*, *Liberté* et *Autorité*, c'est toujours la même question. Comment doit agir la Société, quels priviléges peut-elle accorder, quelles restrictions peut-elle apporter à la liberté, pour atteindre à l'aide de la puissance de la vaste association que forme l'État, au but de tout gouvernement: *Réaliser pour tous la plus grande somme possible de bonheur, en assurant aux efforts de tous la meilleure rémunération.*

CHAPITRE IV.

DE LA CONCURRENCE. — DES MONOPOLES.

La concurrence est l'exercice du droit défini liberté du travail, du droit de chacun de rendre à la société le service qu'il se croit capable de lui rendre et d'obtenir la rémunération qui appartient au plus digne.

Le principe de la concurrence est le même que celui de l'ardeur du soldat qui précède tous ses camarades en montant à l'assaut et qui gagne par son courage le brevet d'officier. La concurrence est le principe de toute émulation, de toute activité. Pour les caractères énergiques, la concurrence est la possibilité d'acquérir la fortune par ses seules forces, librement; d'atteindre les premiers rangs de la société par son seul mérite; pour le grand nombre le moyen de vivre dans la voie qu'il préfère, lorsque le besoin l'inquiète.

Pour tous, sauf de bien minimes exceptions, le moyen

sûr d'éteindre le génie, c'est de les délivrer de toute sollicitude, de leur enlever l'appât du bénéfice.

Le monopole est l'opposé de la concurrence; il consiste en un privilége d'une nature quelconque qui assure à celui qui en est possesseur, une exploitation à l'abri de la concurrence de tous ou du très-grand nombre, produisant par ce motif des bénéfices certains. Ainsi un monopole n'est pas seulement celui qui existe par suite d'une loi, comme le monopole des tabacs exploité en vertu d'une loi qui décrète des poursuites judiciaires contre quiconque cultive ou vend du tabac en France, mais encore une exploitation telle que celle des mines d'Anzin et Denain. Les compagnies qui les exploitent possédant les seules mines du Nord de la France, protégées contre l'importation des produits des houillères voisines situées en Belgique par des droits de douanes, possèdent un monopole de fait tout aussi réel que celui qui peut être formulé dans une loi. Chacun a le droit de faire concurrence à ces compagnies en extrayant la houille qui se trouverait dans le voisinage de leurs concessions, s'il y en avait, mais il n'y en a pas.

Le monopole avait joui jusqu'ici du privilége d'une condamnation générale; et depuis la destruction des monopoles appelés Jurandes et Maîtrises qui enlaçaient toute l'industrie, la concurrence, la liberté étaient généralement exaltées. C'est à l'abri de ces principes que la grande industrie s'est développée et a créé une remarquable organisation de la production industrielle, que l'on ne peut s'empêcher d'admirer même quand on est le plus éloigné de vouloir imiter un système qui tend directement au monopole et est radicalement destructeur des idées d'égalité qui forment la plus belle tradition de notre société française, la condition la plus essentielle de son existence aujourd'hui.

Chose singulière, tandis que la révolution de 1789 avait réagi violemment contre tous les monopoles dont la société avait supporté le lourd fardeau, pour établir la liberté ; aujourd'hui la révolution de 1848 s'en prend à la concurrence, des maux que les travailleurs ont supportés ; faute d'en reconnaître la cause réelle, de remarquer que toute l'industrie tendait à s'organiser en monopoles de fait ; elle voudrait limiter la liberté, et en réalité établir des monopoles au profit de certains et au détriment des autres ; car quoi qu'on fasse, toutes les oscillations se font entre ces deux termes, monopole et concurrence. Comme le dit si bien M. Proudhon : « Dans l'économie sociale, ce que la concurrence est sans cesse occupée à faire, le monopole est sans cesse occupé à le défaire ; ce que le travail produit, la consommation le dévore ; ce que la propriété s'attribue, la société s'en empare ; et de là résulte le mouvement continu, la vie de l'humanité. Si l'une des deux forces antagonistes est entravée, que l'activité individuelle, par exemple, succombe sous l'autorité sociale, l'organisation dégénère en communisme et aboutit au néant. Si au contraire l'initiative industrielle manque de contre-poids, l'organisme collectif se corrompt, et la civilisation se traîne sous un régime de castes, d'iniquité et de misère. »

Le système dont nous sortons ne tendait-il pas à être celui que l'on indique à la fin de ce passage, l'exagération des monopoles de tout genre n'a-t-elle pas engendré les souffrances qui ont fait éclater la révolution ? Et l'on s'en prend à la concurrence, on veut noyer l'activité individuelle dans l'activité sociale, pour en arriver au communisme et par suite au néant ! Il y a là une erreur grossière sur les causes du malaise qu'ont ressenti les classes ouvrières, qui ne provenaient nullement de la concurrence, mais au contraire des progrès des monopoles, du défaut d'institutions tendant à l'accroissement du travail. C'est ce qui paraîtra fort clair, nous espérons, par l'étude détaillée que nous allons faire des divers monopoles, dans laquelle nous chercherons à indiquer ce qu'ils étaient hier et ce qu'ils doivent être dans la société nouvelle, ce qui nous permettra d'indiquer la limite d'action de la liberté et de l'autorité, de la concurrence et du monopole dont l'accord est la solution du problème de l'organisation du travail.

Mais avant de passer à cet examen, achevons de bien fixer l'évolution nécessaire de l'activité individuelle.

Le but des efforts de tout travailleur luttant contre les efforts de nombreux rivaux ne peut être que de les surpasser et de constituer par suite une exploitation supérieure à toute autre de même ordre, un monopole dans le sens général du mot. S'il agit au milieu d'une société dont toutes les positions sont puissamment occupées, le producteur tombe bientôt dans le découragement et la misère. Mais s'il est citoyen d'une société qui lui fournit des armes égales à celles de ses rivaux, la victoire est au plus digne dont le succès doit être salué par les acclamations de la société tout entière ; car elle est due aux plus grands efforts de l'intelligence, elle est un triomphe de l'esprit humain.

Prenons un exemple qui nous fasse bien comprendre. Considérons Watt venant d'inventer la machine à vapeur, offrant à toutes les fabriques de remplacer par sa machine avec un immense avantage, les manéges qui les faisaient mouvoir. Il réalise ainsi une immense fortune. En quoi la société aurait-elle droit de se plaindre d'un résultat qui est en rapport avec les services qui lui ont été rendus, et dont l'éclat encouragera les efforts trop souvent infructueux de milliers de travailleurs, comme la gloire militaire, le bâton de maréchal d'un seul excite l'ardeur d'une armée. Ce qu'il faut nier et combattre, ce sont les monopoles dus à d'autres causes que la supériorité, engendrés par des priviléges oppressifs contre lesquels ne peuvent lutter l'intelligence et la capacité.

Respectons au contraire le monopole de la propriété possédée au titre le plus sacré qui soit parmi les hommes, le travail et l'intelligence ; la propriété effet et condition de l'exercice légitime de notre personnalité, de notre liberté. C'est sur elle que repose notre état social, la production de la richesse; sur elle que reposent la famille et les meilleurs sentiments de l'humanité. C'est son extension et sa division qui fournissent une existence libre et indépendante à un nombre sans cesse croissant de citoyens, et surtout aux plus intelligents et aux plus capables, qui assurent la plus grande somme possible de bonheur à la nation. Peut-on malgré tous les droits être véritablement libre en fait sans la propriété, qui est la condition matérielle de la liberté.

Extension, division de la propriété, voilà notre formule qui n'expose à aucun des risques que feraient courir à la société les plans de ceux qui veulent détruire l'organisation actuelle pour essayer une combinaison qui ne leur paraît pas dénuée de toute chance de succès! Répétons ici les belles paroles de M. de Lamartine (27 avril 1848) : « Concilier la *propriété*, ce fondement de la famille, cette source de la population, cette émulation de l'agriculture, avec la *liberté* du travail, l'accroissement des salaires, voilà le problème : tout autre est mal posé. C'est une subversion au lieu d'une amélioration. La République n'est pas née pour détruire, mais pour améliorer. »

Mais lorsque le monopole n'est pas acquis justement à son propriétaire, qu'il est autre chose que la propriété de la richesse créée par lui, que le produit de son activité propre, c'est-à-dire hors du cas où le privilége est le mode de rémunération de la société pour le service rendu, en proportion de la richesse produite, il n'y a pas de raison pour son existence qui devient oppressive pour les autres, qui est une confiscation d'une partie de leur liberté.

La liberté, la concurrence, c'est le droit de chacun à la lutte, à l'antagonisme : ce serait donc un état misérable si la palme n'appartenait au plus digne, s'il n'y avait que des combattants et jamais de victoire. A qui doit-elle appartenir? évidemment à celui qui rend à la société les plus grands services, au plus capable, au plus utile. Non-seulement le monopole est juste, qui consiste exclusivement à rendre le producteur propriétaire de son œuvre, mais encore il est favorable à la production de la richesse considérée d'une manière générale, tout en satisfaisant à cette condition de justice, que le produit du travail va trouver celui qui l'a mérité.

Nous rendrons ceci bien clair par un exemple.

De savants auteurs composent des ouvrages. La société déclare sacrée la propriété de leurs travaux, du fruit de leurs veilles, du résultat de leur génie, de leur imagination, et avise à ce que, sans leur permission, personne ne puisse exploiter leurs livres. Rien certes de plus légitime que la reconnaissance d'un pareil droit, mais voyons ce qui en résulte dans l'industrie.

Des libraires sachant que le privilége de ces auteurs est respecté viendront à l'envi traiter avec eux et leur en offrir un prix que la concurrence qu'ils se font entre eux amènera bien près du produit possible de la vente du livre. A l'abri de ce privilége, dans un grand pays tel que la France, de nombreuses maisons de librairie feront honorablement leurs affaires; leur nombre sera d'autant plus grand, qu'une seule librairie plus importante que toutes les autres sera dans l'impossibilité absolue d'écraser le débutant le moins robuste; car si celui-ci possède un seul ouvrage ayant du succès il n'y aura pour le public d'autre moyen de se le procurer que d'aller à lui et de subir ses conditions.

Qu'arriverait-il, au contraire, si la société ne reconnaissait pas le droit incontestable de l'auteur? Au lieu de faire des suppositions, prenons l'exemple de ce qui se passe en Belgique où la contrefaçon, licite pour tous, vient priver la librairie française de ses débouchés à l'étranger, où rien ne gêne la liberté absolue de la concurrence. Voici comment un témoin oculaire, M. Jobard, de Bruxelles, rapporte les faits.

Dans les premiers temps de la fondation du royaume des Pays-Bas l'ardeur de la réimpression (nom honnête de la contrefaçon) était si vive que tout le monde voulait s'en mêler : des domestiques, des manœuvres, des maçons, des paysans même qui savaient à peine épeler, quittaient le rabot, la truelle ou les champs, pour venir manier en ville le composteur ou la presse; c'était magnifique à voir; on réimprimait tout, jusqu'au grand ouvrage d'Égypte, et tout pour rien.

Les papeteries, les fonderies, les ateliers de brochage doublaient, triplaient leur personnel. Un volume de médecine, de droit ou de littérature, arrivait-il de Paris, un éditeur s'en emparait à l'instant; son calcul était bientôt fait : *mille* pour la Belgique, *mille* pour l'étranger; puis il mettait sous presse. Son opération était plausible s'il eût été seul; mais vingt-cinq concurrents faisaient, le même jour, à la même heure, le même calcul, et cinquante mille exemplaires étaient lancés, en même temps, à la tête d'un public qui n'en pouvait consommer que deux mille ; de là, faillites sur faillites, renvois d'ouvriers, ruines, fuites et banqueroutes. Les contrefacteurs ont ainsi fini par s'entre-dévorer jusqu'à l'avant-dernier. Aujourd'hui la riche maison Meline Cans et comp. est la seule maison vraiment importante de la Belgique, et nul n'ose lutter ouvertement contre elle.

Voilà donc le résultat direct de la liberté absolue : le monopole d'une seule maison, la ruine de tous les producteurs de second ordre! Et cela en ne reconnaissant pas la plus sacrée des propriétés, en détournant au profit d'un seul capitaliste les bénéfices légitimes du travail et du génie dépouillé.

Que doit-on préférer du monopole juste ou de la concurrence illimitée? L'exemple que nous venons de citer prouve bien que le monopole qui fait revenir les profits de l'œuvre à celui qui l'a créée, qui en est le père légitime, est la forme la plus avantageuse, tandis qu'on doit combattre et détruire tout monopole qui n'est pas justifié par un service rendu et tend injustement à dépouiller la société tout entière au profit de quelques-uns.

C'est d'après ces idées et celles précédemment indiquées relativement aux avantages de la division de la propriété industrielle que nous nous dirigerons dans l'examen que nous allons faire des monopoles, en cherchant à tenir compte des droits de la société et de ceux de l'individu, à combiner les avantages de l'association avec les franchises de la liberté. Car, comme le dit M. Dunoyer :

« Est-il dans l'esprit de la société humaine de supprimer toute individualité, toute raison collective intermédiaire, et de ne laisser subsister qu'une grande existence générale, dans laquelle toutes les autres viennent nécessairement s'abîmer? Comment concilier la liberté qu'on prétend défendre pourtant, avec cette concentration violente ? N'hésitons pas à le dire : s'il est des choses qui doivent être accomplies par la grande unité sociale ou nationale, il en est d'autres, en beaucoup plus grand nombre, qui doivent être faites par des unités collectives d'un ordre inférieur, par l'unité départementale, par l'unité communale, par l'unité des associations industrielles et commerciales, et surtout par les unités isolées, par les innombrables unités individuelles.

« Il ne suffit pas qu'une grande nation, pour être vraiment grande et vraiment une, sache agir nationalement ; il faut aussi, et avant tout, que les hommes dont elle se compose soient actifs et expérimentés comme individus, comme associations, comme communautés d'habitants, comme provinces. Plus ils ont acquis de valeur sous ces divers aspects, plus ils en ont comme corps de nation. »

Ces observations sont profondément vraies, l'individu ne peut abdiquer entièrement entre les mains de la société, sans que la liberté disparaisse devant l'autorité, sans que l'individu perde toute initiative, toute énergie.

Voyons donc sur quelle base reposent les principaux monopoles, quelle transformation ils doivent subir dans une société républicaine, comment ils doivent être limités par le pouvoir social ou la concurrence pour ne pas devenir abusifs, tendance nécessaire de tout monopole ; nous pourrons alors montrer combien sont exagérées les critiques adressées bien à tort à la concurrence, à la liberté du travail en action ; combien sont erronés les systèmes qui se proposent de la limiter et de la restreindre lorsqu'elle ne s'exerce que dans les limites du droit sacré de tout citoyen de *vivre en travaillant*.

Nous classerons les principaux monopoles en :

1° Monopoles résultant de priviléges exclusifs conférés par loi spéciale.

2° Monopoles résultant de conditions physiques.

3° Monopole des instruments de travail, principalement sous forme de machines.

4° Monopoles engendrés par la spéculation commerciale.

5° Monopoles résultant de la supériorité industrielle.

CHAPITRE V.

MONOPOLES EXCLUSIFS CONFÉRÉS PAR LOI SPÉCIALE.

Nous rangerons dans cette classe tous les monopoles constitués par une loi, que l'État en conserve l'exploitation ou qu'il la concède à un individu ou à une compagnie.

Dans tous les cas c'est une branche d'industrie qui disparaît du domaine de l'activité privée, ce qui est un sacrifice qui ne doit être fait qu'en vue d'un bien évident, non contestable.

L'État doit-il jamais déléguer de semblables monopoles?

Comme nous l'avons dit plus haut, la question ne saurait être douteuse pour une société démocratique: jamais de semblables délégations ne doivent avoir lieu.

N'est-il pas évident qu'elles blessent profondément le sentiment d'égalité, base essentielle d'une semblable société; qu'elles tendent à faciliter la concentration des richesses en *quelques mains*, à *déterminer* une organisation aristocratique de l'industrie?

Passons d'abord en revue les monopoles dont l'Etat se réserve aujourd'hui l'exploitation, ce qui est toujours dans le but d'assurer la perception de l'impôt : tels sont les monopoles des tabacs, des postes, etc., et commençons par établir les principales conséquences de tout monopole exclusif.

Ils permettent évidemment, relativement à une exploitation par concurrence, de n'employer que le nombre d'agents et d'établissements strictement nécessaire, nombre qui par la concurrence croîtrait avec celui des entreprises rivales ; et, par suite, de produire à bon marché. Mais ce n'est que lorsque l'Etat exploite directement et non lorsqu'une compagnie est substituée à son droit, que le consommateur est à l'abri de tout danger de tromperie, d'altération, de sophistication des produits ; qu'il a la certitude de ne payer que le prix strictement égal au prix de revient, augmenté, s'il y a lieu, d'un impôt, ce qui constitue un prélèvement entièrement distinct du prix réel de la denrée ; impôt que tout citoyen doit payer sous une forme ou sous une autre, celle-ci étant souvent la plus avantageuse.

Qu'on ne conclue pas de ces observations que nous voulions tout concentrer entre les mains de l'Etat. Nous verrons bientôt dans quelles limites son action doit être resserrée, et savons bien qu'elle ne peut nullement remplacer l'ardeur, l'esprit d'entreprise de l'individu ; mais nous avons dû rappeler les avantages que présentent les monopoles et qui les rendent très-précieux lorsqu'il s'agit de services simples, d'objets utiles à tous, dont le bon marché est d'intérêt général.

Monopoles des Tabacs, des Postes, etc.

Revenons aux monopoles qu'exploite l'Etat, et dont les avantages peu apparents parce qu'ils sont en partie masqués par l'impôt n'en sont pas moins réels.

Régie des Tabacs. — Nous renvoyons pour les détails de cette administration au beau travail de M. Barral, inséré dans le Dictionnaire des arts et manufactures, où l'on verra exposé tout le mécanisme de cette grande administration. D'après les chiffres puisés dans les budgets qui y sont relatés, et l'expérience de toutes les personnes qui ont voyagé, on peut considérer les résultats que nous énonçons ci-après, comme acquis par cette régie, que l'on signalait, il y a à peine quelques années, aux enquêtes des Chambres, comme un monopole monstrueux et oppressif.

1° Dans toute l'étendue de la France, le tabac est vendu au même prix, est toujours de bonne qualité, ne peut être mélangé de substances nuisibles par le débitant qui se verrait bientôt destitué pour une pareille fraude ; de telle sorte qu'on a l'avantage de ne pas priser pour du tabac jusqu'à du verre pilé, comme il arrive d'après M. Jobard dans certains pays où cette industrie est libre.

2° Le tabac à fumer le plus commun, celui qui peut être nécessaire au pauvre, est à un prix bien peu supérieur au prix de revient ; et l'acheteur de tabacs de qualité supérieure se trouvant affranchi des bénéfices usuraires que le marchand en détail saurait faire en vendant de prétendues marchandises de choix, se trouve payer un prix qui n'est pas beaucoup plus élevé que dans les autres pays.

3° Grâces aux grandes économies qui résultent de la fabrication sur une échelle énorme, à l'importance et à la régularité des transports qui permettent de les effectuer à un prix très-modéré; malgré les frais de toute sorte qu'engendre l'approvisionnement du pays entier et la surveillance nécessaire pour faire exécuter les règlements, le produit net de ce monopole s'élève aujourd'hui à la somme énorme de 80, 000, 000 de francs, tandis que dans les dernières années du travail libre l'impôt n'en produisait pas 25 !

Que n'est-il possible par quelques régies de cette nature de faire face à toutes les dépenses du budget!

Monopole des Postes. — La régie des postes, la centralisation du transport des lettres dans les mains de l'État, est fort ancienne en France ; jamais on n'a songé à confier à d'autres qu'à des fonctionnaires publics, un service qui entraîne une grande responsabilité, qui exige la confiance publique.

Sous le rapport de la sécurité pour les objets confiés à la poste, de la régularité dans le service, l'administration française ne laisse rien à désirer. Nous n'avons pas à décrire ici son mode d'organisation, que chacun au reste connait. Constatons seulement qu'elle s'est laissée singulièrement devancer par l'administration anglaise qui a réalisé un si admirable progrès en adoptant le beau système de M. Rowland-Hill et réduisant à un bon marché excessif le prix du port des lettres (0,10 c. pour toute l'Angleterre).

Grâce à cet exemple et à une expérience permettant de constater d'une manière positive les résultats obtenus, qui rend certain le triplement du nombre des lettres, lorsqu'on réduit le prix du port à n'être plus qu'une dépense minime, on peut considérer comme prochaine une réforme qui fera jouir le pays d'un avantage précieux sans altérer longtemps le produit de l'impôt. Il a fallu que le gouvernement déchu eût perdu toute initiative pour ne pas avoir réalisé cette utile réforme.

Nous pouvons donc indiquer avec toute assurance les résultats d'une régie qui au premier jour transportera dans toute la France une lettre pour 10 ou 20 centimes.

Pour ce faible prix, grâce à l'économie de frais résultant de la centralisation du service, et grâce à l'accroissement certain des correspondances, une lettre parcourra le territoire entier du pays, un facteur ira chercher la personne à laquelle elle est adressée dans quelque village, dans quelque hameau qu'elle vive. Et ce service si rapide, si régulier, si sûr, fait par des agents rétribués convenablement offrant toutes les garanties convenables, et malgré tout cela fait à si bas prix, devra rapporter à l'État 25 à 30 millions comme impôt. Certes aucun exemple ne peut mieux démontrer la supériorité de la régie de l'État sur l'exploitation par concurrence, dans ce qui se rapporte à la gestion d'un service d'intérêt général, dont la centralisation évitant les rouages inutiles, les doubles emplois, procure une grande économie en même temps qu'elle assure une exécution parfaite dont jouissent également toutes les parties du pays, les citoyens les plus pauvres comme les plus riches.

Le transport d'argent par des bons sur la poste, qui donne déjà un revenu important et qui ne demande pour se développer qu'une réduction sur le prix de transport encore élevé, deviendra pour la poste une autre source de revenu considérable. Par elle seule bientôt se feraient tous les transports d'argent, car seule elle offre la sécurité convenable, la facilité nécessaire, les bureaux de postes se rencontrant partout. Un droit peu élevé rapportera beaucoup en raison du peu de dépenses de ce service : car il n'y a lieu à transporter que les soldes de compte d'une place sur une autre, les recettes de chaque bureau servant d'abord à payer en chaque endroit les bons qui se présentent ; c'est au contraire le trésor qui perçoit le plus souvent une prime pour s'éviter un transport.

Industrie des Transports.

Une grande, une immense industrie, celle des transports de voyageurs et de marchandises, dont les statistiques les plus récentes font monter la somme des produits annuels à près d'un *milliard*, était, et en partie encore aujourd'hui, est exploitée par une foule de citoyens. Les uns, propriétaires de messageries, exploitent les grandes distances de ville à ville, et malgré le monopole qu'ont su se créer à l'aide de grands capitaux deux riches compagnies, leur nombre est encore considérable. Les entrepreneurs de voitures publiques exploitant les petites distances et les environs des grandes villes sont encore bien plus nombreux. Quant au transport des marchandises, outre une très-grande quantité d'entrepreneurs de roulage propriétaires de services dits accélérés, une multitude de charretiers, propriétaires de leur charrette et de leurs chevaux (l'élément démocratique du roulage, dont la concurrence des grandes entreprises n'a jamais pu triompher), fait la très-majeure partie des transports de marchandises sur toute la surface de la France.

Si l'on ajoute à ces intérêts ceux des maîtres de poste dont les établissements sont d'une grande importance, on admettra facilement que la transformation d'une industrie aussi capitale exigeait les plus grandes précautions à tous les points de vue, et notamment à celui de la destruction des moyens d'existence d'une classe nombreuse de citoyens, parvenus à trouver dans leur travail, l'aisance et quelquefois la fortune.

Un élément surtout dont il y avait à tenir compte, c'est l'importance au point de vue social de cette grande industrie. Le prix du transport venant s'ajouter au prix de toutes les denrées, qui ne se consomment pour ainsi dire jamais sur les lieux de production, les richesses d'un pays s'accroissent avec l'amélioration des moyens de transport, le prix des marchandises baissant par cela même sur les lieux de consommation. Aussi cette question a-t-elle toujours été au premier rang de celles dont une société bien organisée, s'est préoccupée.

Construction de routes, de canaux, creusement du lit des rivières, amélioration des ports de mer, etc., tous ces travaux sont au premier rang de ceux qui peuvent servir à développer la prospérité d'un pays. Le système adopté en France est le plus libéral et le plus gouvernemental en même temps, si nous pouvons nous exprimer ainsi. L'État, seul constructeur des grandes routes, a débarrassé la circulation de tous les droits de barrière qui la grèvent dans la plupart des pays. Ne se contentant pas, comme dans les contrées où les voies de communication sont la propriété des compagnies, de fournir de bonnes routes, des canaux aux pays riches déjà par leur industrie, il a cherché à développer toutes les sources de richesses qui pouvaient exister dans les diverses parties du territoire. C'est ainsi que le canal du Midi, ce bel ouvrage qui excitait la noble jalousie du grand Vauban, entrepris par Riquet grâce à l'appui de Colbert, et qui ne put se terminer que par l'intervention de ce grand ministre, a été pour les pays qu'il traversé, une source féconde de richesses et de prospérité, grâce au profond sentiment qu'avait ce grand homme de la justice de l'intervention de l'État dans une affaire d'un intérêt aussi général.

Nous avons cherché à établir quelle était la position de l'industrie privée et le rôle de l'État dans la question des transports, au moment de la révolution qu'y devait apporter la construction des chemins de fer sur l'ensemble du territoire. Ce nouveau genre de voies de communication exigeait d'après sa nature même :

1° Des frais de construction extrêmement considérables.

2° Une exploitation unitaire.

C'en était donc fait de l'industrie morcelée qui correspondait à de si nombreux intérêts : la construction des chemins de fer rendait sa destruction infaillible. Il n'y avait donc que deux manières possibles de réaliser le progrès inévitable résultant de la réduction des prix de transport et de la vitesse de parcours qui devaient provenir de la construction des chemins de fer ; la construction par l'État, — la concession à des compagnies.

Examinons ces deux systèmes, nous passerons ensuite à celui qui a été adopté, et enfin nous dirons quelques mots de ce qu'on eût pu faire.

L'État construisant et exploitant lui-même les chemins de fer, ne créait de monopole qu'au profit de tous. Propriétaire des chemins de fer, il pouvait exploiter l'industrie des transports de deux manières. L'une, c'était d'établir des tarifs assez élevés (assez bas toutefois, pour assurer la préférence à ce mode de transport) et alors trouver dans l'exploitation des chemins de fer, un revenu, un impôt fort considérable. L'autre moyen bien préférable était de faire de ce nouvel instrument le plus puissant levier pour développer la richesse et la civilisation. En faisant les transports à un prix seulement égal au prix de revient ou peu supérieur, le pays éprouvait par cela même une véritable augmentation de richesses. Les produits arrivant dans chaque pays grevés de frais de transport moindres, baissaient de prix par cela même.

Est-il besoin de parler des immenses progrès que la civilisation peut retirer d'un transport accéléré et à bas prix des voyageurs, de la centralisation, de la fusion complète de toutes les parties d'un pays en un seul tout pensant, vivant de même ; avantages croissant singulièrement avec le *bon marché qui permet à toutes les classes de la société de* profiter des moyens perfectionnés de transport.

Remarquons que dans un semblable système, le bon marché développant dans une proportion immense les transports (semblablement à ce que l'on a vu pour la poste aux lettres en Angleterre), les décuplant souvent pour de petites distances, il en serait résulté la possibilité de réduire les prix de plus en plus, et par suite, de pousser bien loin les progrès de tout genre du pays.

Quel beau spectacle eût présenté la France, ce pays si éminemment centralisé, si sur le sol couvert d'un réseau de lignes de fer tracées au point de vue de l'intérêt général, fournissant un moyen de développement à toutes les contrées pouvant avoir quelque source de prospérité, on eût vu une grande administration faisant tous les transports à un bon marché inconnu jusqu'ici.

Ce grand rôle n'a pas été compris : comme toutes les

grandes entreprises, elle a paru devoir être un lourd fardeau, et la bourgeoisie de la Chambre des Députés a abdiqué devant le pays sa capacité à faire quelque chose de véritablement grand, de véritablement gouvernemental. Les chemins de fer ont donc été accordés aux compagnies.

Remarquons encore, avant de parler des compagnies, qu'en aliénant à l'industrie des transports qu'il lui était si facile de conserver dans l'intérêt général, l'État a perdu un moyen bien puissant de développer l'industrie nationale, moyen comparable à celui de la protection des douanes. Si l'école libre-échangiste a bien prouvé une chose, c'est qu'un droit prohibitif correspond à un véritable impôt: or impôt pour impôt, ne peut-il se trouver une foule de cas où il eût été préférable d'encourager une industrie naissante par un dégrèvement dans les prix de transport, plutôt que par une augmentation de droits de douanes, en faisant ainsi le succès d'une entreprise industrielle, en encourageant le travail national par un même sacrifice, mais en produisant le bon marché de la denrée au lieu de son renchérissement, en assurant enfin le développement de toutes les industries qui consomment cette denrée, au lieu de les constituer dans un état certain d'infériorité.

Prenons un exemple pour bien fixer nos idées. Supposons qu'un chemin de fer traverse un pays houiller et s'étende jusqu'à une contrée industrielle consommant une grande quantité de charbons étrangers, circonstances qui se rencontrent dans plusieurs parties du territoire français. Le rayon d'approvisionnement de la houillère est surtout déterminé par le prix des transports comparé avec le prix du fret et des droits de douanes que le charbon étranger doit payer.

Que dans ces conditions, l'État consente à transporter les charbons à un prix minime, inférieur au prix de revient, aussitôt le rayon d'approvisionnement s'augmente, le travail de la mine plus important, peut être fait avec de plus grandes ressources, par suite, d'une manière plus économique, et il en résulte un accroissement considérable de travail et de richesses. Pour obtenir ce résultat, le plus souvent l'administration n'aura fait que des sacrifices insignifiants. Ne laissant jamais partir un convoi sans compléter la charge utile que peuvent traîner les locomotives avec des wagons remplis de charbon, bonne partie des transports seraient ainsi faits à un prix de revient assez minime pour que le prix peu élevé fût cependant suffisant sur un chemin de fer dont les voyageurs et les autres marchandises assurent la prospérité. D'ailleurs, l'État trouverait dans l'augmentation de l'impôt qui résulte de l'accroissement de travail sur la mine une compensation supérieure souvent au sacrifice apparent qui paraîtrait dans les recettes du chemin.

Ce que nous disons ici pour la houille, peut s'appliquer à bien des marchandises. Voyez les blés; dans un temps de disette, quel plus grand secours l'État pourrait-il prêter aux populations que de faire arriver à peu de frais dans les pays privés de récoltes, les blés que fournit le commerce d'importation! Et quand on voit les énormes différences qui existent dans les mercuriales des marchés du Nord et du Midi, on ne peut douter que la véritable réforme des *corn-laws* dans notre pays, l'amélioration contre laquelle l'agriculture française échangerait avec grand profit les protections actuelles des douanes qui bientôt peut-être seront une nouvelle cause d'infériorité de l'industrie française vis-à-vis de l'industrie anglaise ; ce serait d'assurer le transport des blés sur tout le territoire à des prix très-modérés, de manière que le prix de vente se nivelât partout et que l'approvisionnement d'aucune partie du pays n'échappât à l'agriculture nationale.

Laissons là l'exposition d'avantages importants qu'on ne peut attendre des compagnies, qui, par leur nature même, ne peuvent avoir égard qu'à leur intérêt sans tenir compte de l'intérêt général.

Les compagnies réalisent une partie des avantages qu'offre l'exploitation par l'État ; mieux souvent même que l'État, grâce à l'aiguillon de l'intérêt presque toujours plus puissant que celui du devoir.

Célérité dans l'exécution, économie dans l'exploitation, etc., tels sont surtout les motifs qu'ont fait valoir les partisans des compagnies. Mais outre la privation de tous les avantages qu'eût trouvés l'État à rester maître des chemins de fer et qui nous font considérer comme une espèce de suicide du pouvoir d'avoir délégué à quelques-uns un privilége qui, étant supporté par toute la nation, devait bénéficier à tous, un grand nombre d'inconvénients résultent de l'exploitation des compagnies. Passons en revue quelques-uns des plus saillants.

1° Les compagnies possèdent un privilége souvent abusif qui leur permet de rançonner le public.

L'exploitation des chemins de fer ne peut être livrée aux compagnies qu'en vertu d'un contrat, renfermé dans un cahier des charges, par lequel on cherche à poser des limites à l'abus que les compagnies peuvent faire de leur privilége. Mais leur intérêt toujours éveillé leur a bientôt permis de reconnaître les lacunes qui peuvent exister dans le cahier des charges, d'éluder les prescriptions qui les gênent par des moyens plus ou moins détournés. En supposant, ce qui ne saurait être, qu'au moment de la concession le cahier des charges eût été parfaitement rédigé et qu'il soit de plus exécuté fidèlement, au bout de bien peu de temps, il se trouve forcément insuffisant. Il ne saurait en être autrement, car il était impossible de rien prévoir de relatif à des intérêts qui souvent n'existaient pas au moment où le cahier des charges aura été rédigé. Comment stipuler des conditions avantageuses par exemple, pour une mine qui n'était pas connue, n'était pas exploitée au moment de la concession du chemin de fer. Il n'y a pas longtemps que quelques lignes sont en exploitation en France, et déjà bien souvent la presse a retenti de la dureté des conditions que les compagnies ont faites à l'État (et que celui-ci a été obligé d'accepter) pour le transport des malles-postes, par exemple, qui n'avait pas été prévu lors de la concession. Tout ceci est trop évident pour qu'il y ait besoin d'y insister longuement.

2° Le monopole des chemins de fer est entre les mains des administrateurs des compagnies une source d'autres monopoles.

Le prix du transport d'une marchandise venant toujours s'ajouter au prix de revient sur le lieu de la production pour constituer le prix de vente dans la contrée où la consommation a lieu, il s'ensuit que les administrateurs d'un chemin de fer, libres d'abaisser sur certaines denrées les prix du transport, peuvent se livrer avec un succès certain à des spéculations interdites à tous autres. Ainsi les journaux ont annoncé qu'une riche compagnie formée par M. de Rostchild avait acheté en Belgique un certain nombre de charbonnages, compagnie dont le bénéfice est, dit-on, certain, grâce au bon marché du transport des charbons que le fondateur de la compagnie du chemin du Nord saura obtenir de ses coadministrateurs.

De la possibilité d'approvisionner au moins en partie la capitale, de pouvoir, par suite, faire la hausse ou la baisse d'une denrée aussi importante que le charbon de terre, sortiront sans doute des bénéfices payés par le consommateur; mais cela est-il juste? C'est de cette manière que bien des monopoles s'engendreront entre les mains des administrateurs, monopoles indestructibles, à l'abri de toute concurrence, car ils viendront prendre leur point d'appui dans le privilége exclusif accordé à une compagnie d'exploiter une grande ligne de chemin de fer.

3° L'administration des chemins de fer donne aux chefs des compagnies une influence considérable.

On se rappelle la lutte mémorable que soutint le général Jackson, le champion le plus avancé et le plus ardent de la démocratie américaine, contre la banque des États-Unis. Peut-être se trompait-il en partie, mais son ardeur pour combattre la vaste organisation d'une banque fort puissante, ayant par ses comptoirs une immense influence sur toute la surface des États-Unis, partait d'une idée juste, c'était que cette prépondérance pouvait devenir dangereuse pour l'esprit démocratique, et donner au capital un pouvoir prépondérant et dangereux dans l'État.

Cette lutte du général Jackson pourrait se reproduire quelque jour en France, entre l'esprit démocratique et la ligue des puissantes compagnies propriétaires des voies de communication du pays. Les administrateurs influents de chaque compagnie disposant d'un nombre de places considérable, pouvant souvent agir directement sur le bien-être d'un pays traversé par un chemin de fer; arrivant ainsi à posséder une grande influence, bientôt à la députation et par suite au pouvoir, dont ils sauront faire usage pour réaliser de nouvelles affaires et de nouveaux bénéfices, deviendront forcément les adversaires les plus dangereux du développement de la démocratie et les plus fermes soutiens de la féodalité industrielle.

Nous conclurons de ce qui précède qu'on ne peut sans danger dans une société démocratique déléguer aux individus et aux compagnies des monopoles qui font de l'exercice des industries privilégiées de véritables fonctions sociales, comme cela a lieu en Angleterre par exemple, sans leur donner en même temps une importance très-grande, sans en arriver forcément à une constitution aristocratique, à une féodalité financière toute-puissante.

Remarquons encore que la mobilisation sous forme d'actions de la propriété des chemins de fer peut faire de ces titres sujets à la hausse et à la baisse, une proie facile pour le riche spéculateur. Il peut prévoir les variations favorables ou défavorables qui doivent survenir dans l'exploitation du chemin ; agissant sur une société qui n'a qu'un capital assez limité, et dont les titres n'arrivent par suite sur le marché, chaque jour, qu'en quantité assez peu considérable et insuffisante pour empêcher une hausse que causera un achat important. Dans ces conditions, bien renseigné le riche spéculateur, l'administrateur de chemin de fer, achète les actions à la baisse et les vend à la hausse, quand il voit que le titre est à un prix supérieur à sa valeur réelle. Pendant ce temps, le petit rentier alléché par la hausse des valeurs, désespéré par la baisse, ignorant les motifs de ces variations et ne pouvant les prévoir, achète à la hausse et vend à la baisse, agissant ainsi tout à fait inversement du riche banquier qui, grâce aux primes qu'il gagne presque à coup sûr, s'enrichit pendant que le petit porteur s'appauvrit.

Certes il peut y avoir des exceptions individuelles; mais pour les classes entières, ceci est parfaitement vrai, et le riche spéculateur, administrateur d'un chemin de fer, gagne aussi sûrement grâce à la connaissance qu'il a de l'affaire, que le banquier de la roulette, grâce à ses chances plus nombreuses que celles du joueur.

C'est ainsi qu'un monopole exclusif assurant à des compagnies une influence très-considérable, étant la cause de fortunes fondées sur l'agiotage, est un danger réel pour le pays, en assurant la richesse à des hommes pour lesquels la nation n'a pas une estime suffisante. Il détourne celle-ci des voies du travail, seule source légitime de la fortune et la seule que la société doit, autant qu'il est en elle, montrer aux citoyens, en les écartant de la voie démoralisante de l'agiotage et de la spéculation.

Disons maintenant ce qui a été fait pour accorder à des compagnies l'exploitation des chemins de fer.

Notre grande administration des Ponts et chaussées, fidèle à son rôle de gardienne de l'intérêt public, a lutté jusqu'au dernier moment, pour conserver à l'État la construction et l'exploitation des chemins de fer. Après avoir infructueusement fait proposer aux Chambres un projet rédigé dans ce sens, avoir fait différer autant qu'il lui était possible, la présentation de tout projet d'aliénation, il lui fallut bien obéir aux exigences du pouvoir et chercher à sauver tout ce qui pouvait être sauvé. Elle obtint que les lignes de fer seraient tracées d'après ses plans, et par suite, au point de vue de l'intérêt général et non de celui de chaque compagnie ; que les constructions, faites en grande partie par ses ingénieurs, auraient par suite toute la solidité désirable; enfin, que l'adjudication des concessions serait faite aux compagnies qui offriraient de s'en charger au minimum de temps d'exploitation. Grâce aux dépenses considérables que l'État a prises à sa charge, grâce aussi à l'engouement momentané pour les actions de chemins de fer, grâce à l'argent qu'on voyait gagner aux fondateurs des compagnies, les chemins de fer furent concédés pour des durées de concession dont la moyenne doit peu dépasser quarante ans.

Nous dirons quelques mots sur la partie financière de l'opération encore présente à l'esprit de tout le monde; l'industrie se souviendra longtemps de la crise épouvantable qui est résultée de cet appel insensé fait à la spéculation, qui, détournant des capitaux considérables des voies ordinaires, a plongé les classes industrieuses dans des souffrances inouïes, augmentées encore par l'affreuse coïncidence d'une disette.

Pouvait-on éviter tous ces maux? nous croyons qu'un habile administrateur y fût parvenu par un système que *la Presse* a indiqué, que M. Laffitte le premier avait fait pressentir, dernière conception de cette grande capacité financière qui comprenait si bien les immenses ressources que l'on pouvait trouver en France en faisant appel aux petits capitaux sous la garantie de l'État.

Il fallait pour cela, comme le disait Law, que ce fût l'État qui donnât le crédit au lieu de le recevoir.

Que l'État eût créé une caisse des chemins de fer distincte

du Trésor public, chargée de payer sur le revenu des chemins l'intérêt des capitaux engagés et hypothéqués sur ces lignes. Croit-on que des billets au porteur de 500 francs rapportant quatre pour cent d'intérêt annuel garantis par l'État, n'eussent pas été accueillis avec autant de faveur que ceux de la banque de France qui ne rapportent pas intérêt? Ceux-ci sont, il est vrai, remboursables à présentation, mais les nouveaux billets auraient bientôt trouvé à se changer, quand ils auraient été vendables à la Bourse de Paris 520 francs, puisque le quatre pour cent était à 104. Dans une semblable position, les entrepreneurs du chemin, payés avec ces effets au pair (ce qui n'eût jamais été onéreux, puisqu'ils auraient soumissionné à des prix correspondant au cours de ces effets) la construction se fût faite avec un faible déplacement de capitaux. Ce système peut paraître fictif à première vue, mais est cependant très-réel ; c'est celui que nous aurons à expliquer plus loin en traitant des banques de crédit, fondées sur le même principe, et nous profiterons de l'application spéciale au cas des chemins de fer qui s'offre à nous pour faire comprendre l'esprit de cet ordre d'institutions.

Lorsqu'un capital est dépensé pour construire un chemin de fer, il n'est pas dissipé, il est représenté par le chemin même. L'argent dépensé a servi à rémunérer le travail des ingénieurs, des terrassiers, des maçons, etc., et le titre de la propriété du chemin vaut au moins autant que cet argent, autrement on ne l'eût pas construit. Si donc on ne perd pas de vue qu'il n'y a que le travail qui crée réellement la richesse, on comprendra facilement que pourvu qu'il y ait disponible dans le pays une quantité de travail suffisante pour effectuer celui nécessaire à ces gigantesques constructions, elles pouvaient s'exécuter sans difficulté quelque considérable que parût le capital nécessaire à leur création. Tout le problème consistait à établir la transition nécessaire entre la création du titre et le travail de l'ouvrier, c'est ce qu'eût fait facilement le crédit de l'Etat alors si puissant par la seule garantie d'intérêt.

Entre la même nation livrée à un énergique travail, et le même nombre de travailleurs presque au repos, la différence de la consommation est peu considérable ; ce qui distingue la première situation, c'est la masse considérable de valeurs créées, transmissibles par des titres de propriété, billets, etc., qui représentent précisément le travail. De quoi s'agissait-il? De faire que le crédit de l'Etat, sa garantie, donnât cours à ces titres au moment même où la valeur était créée, c'est-à-dire sans déboursé antérieur. Le titre même eût servi à payer le travail comme si le travailleur se fût *contenté d'une part de la* propriété du chemin de fer pour sa rémunération. C'est par ce mécanisme puissant, par ces merveilles du crédit que beaucoup ont observé et peu ont compris que s'explique l'immensité des créations qu'a opérées le travail aux *États-Unis d'Amérique*. Là, avec des billets de Banques, naissant presque pour chaque entreprise, on a, en quelques années défriché, couvert de constructions, sillonné en tous sens de canaux, de chemins de fer, un territoire égal aux trois quarts de la superficie de l'Europe.

Ce que le gouvernement pouvait faire, des compagnies sont impuissantes à le tenter. Elles n'existent pas avant l'entreprise en vue de laquelle elles sont constituées, elles n'ont pas de crédit résultant d'autres revenus ; rien ne garantit que l'entreprise commencée souvent seulement avec une partie du capital nécessaire pour son exécution se terminera; dans ce cas, ce n'est que le jour de l'achèvement que le titre de l'action prend sa valeur, jusque-là il ne peut servir à solder les dépenses qu'autant qu'on trouve un acquéreur ayant confiance dans l'entreprise en vue de laquelle il a été créé, c'est là précisément ce qu'eût assuré l'intervention de l'État. Lui seul pouvait ainsi préserver le pays de la perturbation que devait produire l'entreprise gigantesque, consistant à couvrir en peu d'années le sol de chemins de fer, et ne pas rompre un équilibre qui ne pouvait se rétablir que le jour où les chemins terminés les actions devenaient des valeurs réelles.

Presque tout ce qui précède était écrit avant la révolution de février; on comprend d'après cela que nous sommes entièrement partisans du rachat des chemins de fer par l'État.

Quant à la question de légalité, au moment choisi pour l'opération, au mode d'expropriation, toutes choses discutables, cela est étranger à notre sujet; mais nous applaudissons au principe de remettre entre les mains de l'Etat l'exploitation d'une industrie d'un intérêt tout général et de ne pas créer légalement des monopoles qui ont contribué plus qu'on ne croit à la chute du gouvernement déchu en tendant à l'organisation puissante d'une aristocratie financière, dont les succès grossis et exagérés ont laissé dans l'esprit des travailleurs des germes de jalousie, un désir vague de réaction qui s'est exprimé par le mécontentement d'abord et bientôt par la révolution. Nous regrettons seulement de ne pas voir formuler l'institution de crédit qui seule pouvait permettre, dans l'état actuel des finances, l'emploi de l'immense quantité de travail disponible en ce moment, et par suite l'achèvement d'entreprises si nécessaires au pays, et qu'il serait bien désolant de voir ajourner encore.

Monopole du Sel.

Nous inscrivons ici un monopole qui n'existe pas, car aujourd'hui le commerce du sel est confié à l'intérêt privé. L'Etat prélève sur cette denrée une taxe de consommation de 0,30 par kil., droit véritablement énorme sur une denrée aussi nécessaire à l'agriculture, et qui ne coûtant pas plus de 0,01 c. le kil. de prix de revient, se vend 0,45 à 0,50 dans presque toute la France. La loi actuelle du sel est donc semblable à celle dont parlait Buffon, et dont il disait : « La loi du sel est une loi de proscription contre « l'aisance de l'homme et la santé des animaux qui, privés « de sel, ne vivent et ne multiplient qu'à demi ; loi de mal- « heur, sentence de mort contre les générations à venir. »

En présence des plaintes de l'agriculture qui réclame le bon marché du prix du sel pour la nourriture et l'engraissement des bestiaux, pour la production de la viande à bon marché, un des premiers devoirs de tout gouvernement est de réduire notablement le prix de cette denrée.

La solution la meilleure était-elle de détruire l'impôt du sel comme vient de le faire un récent décret? vu surtout l'état des finances, nous ne le pensons pas, et croyons qu'on sera forcé de revenir sur cette mesure, à moins qu'on ne découvre des sources inconnues d'impôt, ce qui est assez difficile.

Dans une brochure très-remarquable, M. J. J. Jullien a démontré que la diminution du prix du sel, seul but qu'on puisse se proposer par une mesure fiscale, ne pouvait être obtenue de manière à satisfaire à toutes les conditions à remplir, et notamment en ne supprimant pas un revenu important de l'Etat, que par un seul système, la régie de la vente du sel. Cette démonstration est tellement remarquable, prête tant de force aux idées que nous émettons ici, que nous allons nous permettre d'y emprunter quelques extraits, mais il faut lire la brochure tout entière pour avoir la démonstration complète, irréfutable, de cette belle synthèse. On y verra comment avec un impôt peu élevé, on peut obtenir un produit considérable, en approvisionnant tous les points du territoire et y livrant le sel à un prix modique et égal partout ; grâce aux économies qui résulteraient de la centralisation et de l'unité du service, comme de la suppression de la fraude et des surtaxes commerciales.

État de la production du sel en France. — Problème à résoudre.

La production du sel telle qu'elle est organisée en France suffit à peine à la consommation actuelle.

De *l'insuffisance* de la production sont nés les accaparements, les coalitions, dont le monopole domine aujourd'hui le commerce du sel dans une partie de la France ;

Le morcellement du transport et de la vente qui en double les frais ;

Les surtaxes commerciales, surtaxes usuraires, qui à elles seules absorbent plus d'un cinquième du prix ;

Les falsifications, les sophistifications, les mélanges qui affectent la santé et la bourse des consommateurs ;

Les fraudes qui compromettent le revenu du trésor;

Peut-on *abaisser le prix du sel de 20 cent. par kilogramme, sans diminuer d'un centime le revenu qu'il donne au trésor;*

Organiser la production, le transport, la vente et le commerce du sel, dans l'intérêt du producteur et du consommateur ?

Si un pareil résultat pouvait être obtenu à l'aide d'une régie de l'Etat, le prix de vente actuel diminué de 20 centimes, étant précisément celui qu'on payait sous le Directoire, lorsqu'on affranchit le sel de toute taxe, l'impôt ne serait que la légitime rétribution de l'organisation de la production, du transport, de la vente et du commerce du sel, organisation qu'on attendrait vainement de la toute-puissance des compagnies; il ne serait que le prix de la répression des accaparements, de la fraude, des falsifications.

Prix de revient du sel en France.

SALINES DE L'OUEST.

Afin d'établir d'une manière positive le prix de revient du sel des marais salants de l'Océan, nous allons le calculer sur la production moyenne de 100 œillets (1).

Cent œillets produisent en moyenne 150,000 kilog. de sel gris au prix moyen de 21 fr. les 1000 kilog...	3,150 fr. » c.
9,100 kilog. de sel blanc à 30 c..................	273
	3,423 fr. » c.

(1) Partie du marais salant où cristallise le sel.

Le paludier qui est une espèce de colon partiaire, prélève sur ce produit :

1° Le sel blanc	273 fr. »	1,060	50
2° Le quart du sel gris ou 37,500 kil. à 21 fr.	787 50		

Le propriétaire est en outre chargé des frais suivants :

1° Contributions à raison de 75 c. par œillet.....	75	»
2° Réparations annuelles dites *mises ordinaires et extraordinaires*	100	»
3° Chaussage ou approiement	25	»
4° Transport sous vergues..................	187	»
Total.........	1,447	50

Toutes ces dépenses réunies font ressortir le prix de revient à 9 fr. 00 c. par 1,000 kilog :

En déduisant du produit..................	3,423	»
Le prix de revient..................	1,447	50
Le bénéfice net est de	1,975	50

SALINES DU MIDI.

Le prix de revient des sels du Midi est ainsi établi par 1,000 kilog :

Frais généraux	1 fr.	»
Levage du sel	1	20
Embarquement	1	»
Total.......	3	20
Intérêt du capital ou loyer.....	1	50
Total.......	4	70

Consommation. — Décomposition du prix de vente.

Les quantités de sel employées en France sont les suivantes :

1° Alimentation de l'homme........	240,000,000 kil.
2° Produits chimiques	55,000,000
3° Pêches et salaisons.............	58,000,000
4° Exportations..................	49,000,000
5° *Fraudes et sophistications*.......	32,000,000
	434,000,000

La consommation alimentaire, celle soumise à l'impôt, est ainsi répartie entre les centres de production :

Sels gemmes et ignigènes..........	40,000,000
Sels de la Méditerranée	70,000,000
Sels de l'Océan..................	130,000,000
	240,000,000

Les 40,000,000 kilog. de sels ignigènes (2) coûtent, à raison de 22 fr. 10 c. les 1000 kilog.................	884,000
Les 70,000,000 kilog. de sel de la Méditerranée, à raison de 4,70 les 1000 kilog.........................	329,000
Les 130,000,000 kilog. de sel de l'Océan, à 9 fr. les 1000 kilog....................................	1,170,000
Total des frais de production.	2,383,000
Le transport des 240,000,000 kilog., à raison de 50 fr. les 1000 kilog................................	12,000,000
L'impôt, à raison de 29 fr. 25, déduction faite du boni	70,200,000
La surtaxe commerciale, représentant les frais et bénéfices de vente jusqu'au détail à 147 fr. 90 les 1000 k.	35,417,000
Total......	120,000,000

(2) Produits dans le Nord par le lessivage du sable baigné par la mer et l'évaporation par le feu. Production coûteuse et décroissante.

Le prix du sel s'élève ainsi à 50 c. le kilogramme, et pour le réduire, il ne suffit pas de réduire l'impôt, qui n'en représente que les trois cinquièmes, il faut encore réduire les frais de transport et la surtaxe commerciale.

Les transports par canaux coûtent

Par kilomètre et par tonne...........	»	3 c.	50/100
Par bateau accéléré	»	12	50/100
Par bateau de rivière à la descente....	»	4	
— à la remonte ...	»	8	
Par chemin de fer................	»	9	50/100
Par roulage ordinaire...............	»	25	
— accéléré...............	»	40	

En partageant la France en quatre systèmes de zônes analogues aux zônes des postes pour la taxe des lettres et dont chacune a pour pivot un centre de production, savoir :

Le 1er, les salines de la Méditerranée,
Le 2e, les salines des Basses-Pyrénées,
Le 3e, les marais salants de la Saintonge,
Le 4e, les marais salants de la Bretagne,
Le 5e, les salines de la Manche,
Le 6e, les mines de sel fossile et les sources salées des départements de l'est.

En établissant ensuite la compensation des distances moindres avec les distances les plus longues à parcourir pour arriver sur les lieux de consommation,

En étendant enfin la compensation entre les prix des différents modes de transport,

On arrive pour la distance à parcourir entre les quatre parallèles ci-après :

1° De Brest à Antibes......................	957 kil.
2° De Lauterbourg à Bayonne...............	888

3° De Zuidcote à Gavarni 820
4° De Kersaint à Strasbourg 824

à la moyenne très-large de 300 kil.

Pour les frais de transport, en y faisant entrer le fret du transport par mer à raison de 10 c. par kilomètre et par tonne, en moyenne, on a, au lieu de 240,000,000 kil. à 50 fr. par tonne s'élevant à. . . . . . . 12,000,000 fr.
240,000,000 kil. à 30 fr. 7,200,000

et on obtient une économie de. . . . . . 4,800,000 fr.

Dans l'état actuel du commerce du sel, tous les acheteurs depuis le marchand en gros qui achète sur les marais, jusqu'au plus infime détaillant, au plus mince consommateur, se chargent du transport du sel; ils le payent nécessairement beaucoup plus cher qu'une régie qui se chargeant de faire arriver le sel jusque dans le plus chétif hameau, passerait à cet effet des marchés avec les grandes entreprises de transport (en attendant que les chemins de fer exploités par l'État sillonnassent tout le territoire). Tout le secret de l'économie est là.

Le même moyen appliqué à la vente produirait les mêmes résultats : au lieu de passer dans un grand nombre de mains qui toutes ajoutent quelque chose à la surtaxe, sans rien ajouter à la valeur, on obtiendra une économie certaine en n'ayant qu'un seul vendeur, un seul prix, une surtaxe unique, et c'est ce que la régie peut seule réaliser.

Au lieu de 117 francs 79 centimes par 1000 kil., c'est-à-dire au lieu de .... 35,000,000 fr.
Elle ne coûtera que 10 p. c. du prix de vente, à raison de 250 fr. les 1000 kil. soit 60,000,000, c'est-à dire . 6,000,000

Économie....... 29,000,000 fr.

Réduction de l'impôt. — Accroissement de la consommation.

Que la consommation du sel doive subir un accroissement considérable par l'abaissement du prix, cela ne peut être douteux, seulement on varie sur les proportions de cette augmentation. Nous allons indiquer les résultats admis par la commission de la Chambre des députés qui partait du résultat obtenu par la suppression de l'impôt du sel en Angleterre et dans quelques autres pays; le bas prix y a fait monter la consommation jusqu'à 16 kil. par tête d'après les uns, 12 kil. seulement d'après d'autres.

Elle a évalué aux quantités ci-après le chiffre auquel l'abaissement de l'impôt devra porter la consommation et l'emploi du sel en France :

1° Alimentation de l'homme...........	241,000,000
2° id. du bétail....	401,000,000
3° Sel employé pour l'industrie........	80,000,000
Total..........	722,000,000

Quantité à laquelle il faut ajouter celles que l'on continuerait, dans le système de la commission, d'allouer en franchise à la pêche, et dont l'administration a donné le chiffre comme il suit :

Grande pêche.	50,000,000 kil.
Petite pêche..........................	5,000,000
Salaisons à terre......................	6,500,000
Total.....	61,500,000

Pour combler le déficit de la production que M. Jullien calcule, y compris une large exportation, à 400 millions de kil. il propose de convertir en marais salants les relais de mer, les étangs, les marécages qui bordent la Méditerranée, et appartiennent pour la majeure partie à l'État. Une concession gratuite de ces terrains suffirait pour faire naître des marais salants semblables à ceux qui existent aujourd'hui, et combler le déficit de la production.

Régie de l'État.

Dans la discussion à la Chambre des députés, l'administration a reconnu elle-même qu'une réduction de 20 c. sur l'impôt amènerait un accroissement de consommation imposable de 160 millions de kil., ce qui porterait cette consommation à 400 millions de kil. Nous allons prendre ce chiffre pour base de nos calculs, faits dans la supposition que la régie achète tous les produits des salines à un prix rémunérateur et soit chargée de la vente.

Etablissons d'abord les prix d'achat :

La production restant entre les mains de l'industrie privée, l'État doit acheter à un prix rémunérateur suffisant pour assurer au producteur un beau bénéfice en récompense de ses travaux.

Voici les prix fixés par M. Julien :

Salines du midi.

Prix de revient 1000 k. 3 fr. 70. Prix d'achat par la régie... 15 fr.

Salines de l'ouest.

Prix de revient 1000 k. 9 fr. Prix d'achat par la régie... 21

Salines ignigènes.

Prix de revient 1000 k. 19 fr. Prix d'achat par la régie... 26

Revenons à nos calculs :

400,000,000 k. vendus au prix uniforme et invariable de 25 fr. les 100 kil. produiront, ci........................ 100,000,000 fr.

Les prélèvements à effectuer sur ce produit sont ceux ci-après :

1° 40,000,000 k. de sels gemmes ou ignigènes au prix de 26 fr. les 1000 k., ci.......	1,040,000 fr.	29,220,000
2° 130,000,000 k. de sels de marais salants à 21 fr...............	2,730,000	
3° 230,000,000 kil. de sels de la Méditerranée à 15 fr.................	3,450,000	
4° Transport à raison de 10 c. par kil. et par tonne et d'une moyenne de 300 kil. de parcours...............	12,000,000	
5° Frais de régie et de vente, 10 pour cent du produit brut.........	10,000,000	
Produit net.....		70,780,000 fr.

Ainsi, dans l'hypothèse la plus étroite, la régie, tout en faisant disparaître les inconvénients de l'impôt, tout en réalisant les améliorations que le commerce ne peut pas effectuer, tout en offrant les garanties dont il est dépourvu, réalise en même temps un revenu égal à celui de l'impôt ; et il ne faut pas perdre de vue que dans ces prévisions ne se trouvent compris ni les bénéfices de la vente des sulfates Ballard, ni ceux de la vente des sels affranchis de l'impôt, et notamment de ceux destinés à l'exportation.

Nos calculs de régie appliqué à 400 000 000 kilog. se résument ainsi :

Aujourd'hui 100 millions de kilog. présentent une valeur de 45 millions qui se trouvent ainsi répartis sur 100 kilog. :

1° Prix de revient moyen et bénéfice du producteur.	1 fr.	80 c.
2° Transport................................	5	»
3° Impôt....................................	28	50
4° Surtaxe..................................	9	70
Total........	45	»

Avec la régie les 100 millions de kilog. ne représentent plus que 25 millions de francs au lieu de 45, et leur prix se décompose de la manière suivante :

1° Revient	1 fr.	80 c.
2° Transport..	3	»
3° Régie..	2	50
4° Bénéfice ou impôt..	17	70
Total........	25 fr.	» c.

Par l'adjudication au rabais du service général des transports, la régie *en réduira le prix de 5 à 3 fr. par tonne*, et économisera	2 fr.	
Par la suppression des intermédiaires parasites de la distribution, elle en réduira les frais de 9 fr. 10 à 2 fr. 50, et économisera ainsi..	7	20
L'impôt proprement dit ne sera ainsi que de............	8	50
Total........	17 fr.	70

Là est tout le secret des bénéfices de la régie, la preuve incontestable de sa supériorité. Chaque 100 millions de kilog. ajouté à la consommation ajoutera à son revenu 17,500,000 fr., et si la consommation atteint les prévisions de la commission, c'est-à-dire le chiffre de 722 millions de kilog., le revenu de la régie sera de.... 127,794,000 fr.

Il n'est aujourd'hui que de....................	70,000,000
Augmentation.........	57,794,000

Augmentation qui permettrait d'abaisser à 10 c. par kil. le prix du sel dans toute la France en conservant un impôt de 70 000 000 fr. ! On n'obtiendra sûrement pas un si beau résultat par le libre jeu de l'industrie privée, en ne prélevant pas un centime d'impôt, en ruinant nos salines de l'ouest et de la Manche par l'importation du sel étranger taxé seulement à 50 centimes par 100 kil.

La régie c'est la gabelle.

La régie des sels, dira-t-on, ne sera pas autre chose que la gabelle. Si on ne se paye pas de mots, si on ne s'occupe pas de ce qu'était devenu avant 1789 un impôt oppressif, on verra que c'est le plus bel éloge qu'on puisse en faire. Qu'était, en effet, dans la pensée de Philippe le Long, l'institution de la gabelle en 1318 ?

En 1318, les salines étaient peu nombreuses ; à cette époque où les routes étaient si imparfaites et où il n'existait pas de canaux, les communications entre les lieux de production et ceux de consommation de la denrée étaient très-difficiles et fort coûteuses ; les habitants de l'intérieur ne pouvaient se procurer qu'à grands frais le sel nécessaire à leur consommation, qui restait même parfois en souffrance.

Une gabelle qui se chargeait de faire arriver le sel à des prix modérés sur les points les plus reculés du royaume, qui attachait à l'impôt le bienfait du service dont il était la rétribution, était donc une institution digne de la sagesse d'un grand roi, une immense amélioration.

Mais les institutions les plus sages dégénèrent entre les mains des hommes appelés à les mettre en pratique ; elles finissent par se transformer en instruments d'oppression et de ruine.

Ainsi la gabelle, qui, dans l'origine, se contentait d'exiger quelques deniers à titre de frais de transport, de vente et de régie, a fini par devenir l'instrument des plus odieuses exactions.

Aujourd'hui la régie peut être une admirable institution

financière avec laquelle les abus de la Gabelle seraient peu à redouter.

En résumé : maintenir l'impôt actuel, ce ne serait pas seulement un contre-sens économique, une faute politique capable de produire les dangers les plus graves; ce serait complétement impossible.

Réduire l'impôt, ce serait un contre-sens économique et la sanction légale du monopole existant déjà, plus la perte de 30 à 40 millions pour le Trésor, plus l'impuissance d'une réduction dont le monopole absorberait seul le bénéfice, plus enfin la ruine de la production nationale par l'introduction du sel étranger.

Supprimer l'impôt, ce ne serait pas seulement, par la perte d'un revenu de 70 millions, par la difficulté de le remplacer par un autre impôt, ajouter aux dangers de la crise financière, ce serait encore, avec tous les inconvénients de l'usure des intermédiaires parasites, la désorganisation de la production, du transport, de la distribution, de la vente.

La Régie, c'est l'affranchissement de la production, c'est la suppression de la fraude, l'économie de la surveillance, la garantie de la qualité et du poids de la denrée ; c'est le prix modéré et uniforme partout et pour tous, la réduction combinée avec l'accroissement de la consommation, c'est-à-dire l'augmentation du bien-être général, la plus complète satisfaction des besoins de tous qu'il est possible de procurer pour une même quantité de travail. N'est-ce pas là le but le plus avantageux à atteindre que cet accroissement de la richesse générale par la bonne administration des intérêts de la vaste association qui constitue la société tout entière?

Résumé.

Nous venons de passer en revue les monopoles exercés ou qu'il serait à désirer de voir exercer par l'État. De cette inspection résultera, nous espérons, cette conviction dans tous les esprits, que malgré le trouble qui peut résulter du mélange de l'impôt et de la régie, les avantages de celle-ci n'en subsistent pas moins dans la gestion de certains intérêts d'un ordre tout à fait général.

Nous conclurons donc que dans une société démocratique, l'Etat ne doit déléguer une part du pouvoir social, ni à un individu, ni à une association.

L'administration publique doit seule être chargée des intérêts de tous, et agir directement sur la richesse générale en faisant jouir les citoyens de toute la diminution que peut produire la centralisation d'intérêts essentiels, comme sont les transports pour toutes les industries, le sel pour l'agriculture.

Cette intervention de l'État est un élément d'une puissance extrême, qui par cela même, mal employé, peut être très-nuisible, mais qui bien compris doit être la base fondamentale de la prospérité du pays, d'un développement inouï jusqu'à ce jour de richesse pour toute la nation, et non pour quelques classes en particulier au détriment parfois de toutes les autres.

Qu'on ne dise pas que ceci est du communisme, ce n'est rien de semblable, c'est établir la richesse de chacun sur une base solide, la richesse publique, celle qui appartient à tous; ce sera si l'on veut quelque chose d'analogue au bien communal qui existe près de certains villages, qui n'empêche aucun habitant d'avoir des champs étendus, mais fait que si l'habitant riche peut avec profit élever des bestiaux, il suffit aux plus pauvres, pour pouvoir subsister, d'avoir une vache ou une chèvre dont la nourriture ne leur coûte rien; la part du *bien communal* venant ainsi s'ajouter à la propriété de chacun, grande ou petite.

CHAPITRE VI.

MONOPOLES RÉSULTANT DE CONDITIONS PHYSIQUES.

Nous rangerons presque exclusivement dans cette division les exploitations des mines qui seules à peu près peuvent constituer de semblables monopoles. Dans le plus grand nombre de cas où une position avantageuse résultant du voisinage d'un port, d'une rivière, de l'emploi d'une chute d'eau, permet utilement la création de produits industriels, un établissement rival peut naître près de celui qui prospère, ou bien il existe dans quelque autre partie du territoire nombre de positions semblables à celle qu'il occupe, pouvant être recherchées par des concurrents. Dans ce cas l'établissement privilégié en apparence ne peut nullement être considéré comme possédant un monopole réel.

Il n'en est pas de même des exploitations de mines. Elles sont peu nombreuses en France, insuffisantes pour satisfaire à la consommation du pays, enfin la protection des

10

tarifs de douane vient gêner la concurrence des produits étrangers.

Dans l'ancienne législation française les mines étaient *bien royal*, c'est encore l'esprit de la loi actuelle. La société, considérant avec raison la propriété de la mine comme tout à fait distincte de celle du sol, l'assimilant à un trésor enfoui et sans propriétaire, s'en empare au nom de tous et ne permet l'exploitation que par une délégation de son droit, par une concession.

Ce n'est pas au seul point de vue de la régularisation de la propriété des mines que l'on doit considérer une semblable législation, mais surtout, et cela ressort de nombreuses dispositions de la loi, au point de vue de la mission de l'État, de rendre la plus avantageuse possible à la société l'exploitation des mines, en provoquant à l'extraction d'importantes richesses du sein de la terre.

Cette mission, l'État la remplit-il d'une manière suffisante en se bornant à concéder des mines de grande étendue à de riches compagnies et en protégeant par des droits de douane élevés les produits extraits? Nous ne le pensons pas, et nous croyons que les monopoles ainsi constitués sont en France une faute économique en même temps qu'une faute politique. Nous avons déjà indiqué le remède en exposant l'état actuel de l'industrie des mines, nous n'y reviendrons qu'en peu de mots pour compléter notre pensée.

Dans quel cercle doit agir l'administration pour assurer la prospérité de cette industrie? Le corps des ingénieurs des mines qui est un des plus justement célèbres de ceux qui se recrutent à l'École Polytechnique a toujours conservé la haute direction scientifique de cette industrie. L'État a toujours conservé la construction de ses routes, de ses canaux en vue d'abaisser les prix de transport, principal élément des prix de revient des produits des mines et des usines métallurgiques.

Les principaux moyens de succès ont toujours été ainsi fournis par le pouvoir central, c'est dans cette voie qu'il faudrait entrer plus résolûment encore. Sous le patronage de l'État, il faudrait associer par des syndicats les travaux isolés, exécuter les travaux d'ensemble, les galeries d'assèchement par exemple, qui demandant quelquefois 50 ans pour être terminées ne peuvent être créées par des propriétaires soucieux d'un profit immédiat, diviser les travaux et les propriétés à l'abri d'une direction centrale et faciliter ainsi l'accession à tous, la division de la propriété minière. En un mot il faudrait réaliser chez nous ce qui existe dans quelques contrées d'Allemagne et dont nous avons parlé précédemment, démocratiser cette industrie et cela pour ses plus grands progrès, en la protégeant par la réunion des efforts de tous ; par la formation d'une puissante association générale des exploitations contiguës sous le patronage de l'État disposant de toutes ses ressources pour féconder une des plus puissantes sources de richesses.

Passons en revue les principales exploitations de mines.

Houille.

Nous avons déjà dit comment le bassin de Saint-Étienne était le siége d'une production très-considérable, mais comment l'industrie morcelée qui avait su la créer, n'avait pu, faute d'institutions convenables, éviter les défauts inhérents à l'exploitation sans vue d'ensemble de ce bassin, où toutes les exploitations sont solidaires; comment enfin, faute de la tutelle de l'État, elles s'étaient fondues dans une vaste compagnie qui tente de faire dans un intérêt privé et avec des salariés exclusivement, ce que l'État eût dû faire dans un intérêt général en multipliant le nombre des propriétaires exploitant avec toute l'ardeur de l'intérêt privé.

Plusieurs riches bassins houillers existent encore en France qui ne sont pas exploités au moins d'une manière sérieuse. Aujourd'hui que la houille est la base fondamentale de toute production industrielle, nous croyons que l'administration devait entreprendre l'exploitation de certaines de ces houillères, et créer les voies de communication nécessaires pour en faire arriver les produits dans les lieux de consommation.

L'exploitation des mines de la Grand'Combe près Alais, la construction d'un chemin de fer pour amener la houille à bas prix sur le littoral de la Méditerranée, à portée de la navigation à vapeur, nous paraît le type des entreprises de ce genre. Le pays eût certainement plus profité un jour de cette entreprise si elle avait été exécutée par l'État plutôt que par une compagnie dont l'intérêt direct est de soutenir et d'élever le prix de la houille. L'intérêt de l'État, au contraire, est de provoquer la consommation en la livrant au strict prix de revient, abaissé autant que possible par tous les moyens que la science peut enseigner, que l'importance de l'exploitation peut permettre. Il en est amplement récompensé par la prospérité de l'industrie qui grandit en raison du bon marché de la matière première, et qui lui fait retrouver dans les impôts divers le bénéfice de l'entreprise même, en nous plaçant pour un instant au point de vue étroit de l'État purement spéculateur.

Fer.

Nous avons déjà parlé de la révolution fondamentale qu'éprouvait l'industrie du fer par l'introduction de la méthode anglaise, et décrit les dangers qui menaçaient nos anciennes forges au bois, lorsque la consommation des chemins de fer venant à diminuer, la production des immenses ateliers des forges à l'anglaise, dont le capital aura été amorti grâce aux bénéfices considérables faits à l'abri du tarif de douanes empêchant l'importation du fer étranger, viendra envahir le marché. Peut-être ce jour-là bien des adversaires de l'intervention de l'État dans l'industrie regretteront-ils de le voir privé du moyen de rendre bienveillante une concurrence ruineuse.

Nous avons mis quinze ans pour installer en France les forges à l'anglaise, ou au moins nous avons mis ce temps pour créer des établissements comparables à ceux de l'Angleterre.

Les capitaux moins abondants et répartis en plus de mains dans notre pays, leur association plus timide, le manque de connaissance de tout le bon marché qui devait résulter dans la production du fer de la substitution du combustible minéral au combustible végétal, telles sont les principales causes de la lenteur d'un changement devenu inévitable.

Si l'état exploitant lui-même quelqu'un de nos bassins houillers non concédés eût fondé quelques-unes de ces grandes usines, n'eût-il pas plus rapidement accru la richesse sociale? En vendant le fer à bas prix n'eût-il pas fourni à notre industrie un élément de supériorité comparable au pain à bon marché? ne serait-ce pas une base admirable pour celle-ci que la vente au prix de revient des matières premières par l'effet d'un monopole non exclusif exercé au profit de tous? Cela existe dans un pays bien arriéré sous beaucoup de rapports. En Autriche l'État et la famille impériale possèdent une grande partie des usines métallurgiques.

Nous allons ici être arrêtés, et l'on va nous reprocher d'exagérer beaucoup l'intervention du pouvoir social dans l'œuvre de la production. L'État, nous dira-t-on, est incapable de produire à bon marché. Cela est vrai en partie, mais d'autant moins que la production cesse d'être un résultat de main-d'œuvre pour être abandonnée presque entièrement à de puissantes machines; nous dirons au reste en terminant ce chapitre comment il nous semble que l'intervention de l'État devrait avoir lieu dans des cas semblables à celui-ci. Mais comment trouver extraordinaire que nous réclamions ici en faveur de l'État, et que nous pensions que son action eût pu être presque directe? Ce sont les ingénieurs de l'État qui ont prêché cette révolution, ce sont eux qui sont allés étudier en Angleterre les méthodes de fabrication, qui ont souvent dirigé la construction des usines des particuliers, pourquoi eussent-ils moins bien fait pour l'État? n'est-ce pas avec l'argent de la société qu'on a ouvert des routes pour transporter le fer, des canaux pour apporter la houille à l'usine? n'est-ce pas avec les sacrifices qu'elle s'est imposés sous forme de droits de douane qu'ont été créés les bénéfices des forges? Pourquoi la société ne récolterait-elle pas elle-même le résultat des sacrifices de tous?

Si on pouvait entrer un jour dans cette voie, bien qu'aujourd'hui cela soit difficile, eu égard à la grande importance des intérêts privés engagés dans la question, il est certains points du territoire où de grandes choses pourraient être exécutées comme nous venons de l'indiquer.

Il existe dans quelques départements et surtout dans l'Isère d'admirables gisements d'anthracite d'une richesse admirable, peu exploités et presque sans emploi. Une compagnie a essayé mais sans succès, il y a quinze ans, d'établir un haut fourneau chauffé à l'anthracite, et n'a pu surmonter les difficultés que présente l'emploi de ce combustible. Depuis cette époque des souffleries plus puissantes, l'emploi de l'air chaud ont permis aux Américains, en Pensylvanie, de fabriquer le fer à l'anthracite. Ne conviendrait-il pas que l'État après avoir fait étudier par ses ingénieurs, s'il en était besoin, les méthodes employées en Amérique, fît construire une usine qui permît d'utiliser de magnifiques dépôts presque sans valeur. Il pourrait en lui donnant un grand développement agir avec quelque efficacité sur l'abaissement du prix du fer dans le Midi, sans que la production fût suffisante ou vendue à un prix assez bas pour ruiner les usines existantes; il fournirait un modèle à toutes celles qui pourraient être établies par l'industrie privée et contribuerait ainsi puissamment à créer une source de richesses oubliée jusqu'à ce jour.

Plomb.

Le plomb ne se rencontrant dans nos mines qu'en filons, doit être exploité en France, comme nous l'avons dit, suivant les méthodes économiques du Hartz. Il y a de beaux résultats à obtenir dans cette voie, il y a à créer une industrie qui n'existe vraiment pas en France, tant elle se traîne languissante. L'exemple de ce qui se fait en Allemagne doit suffire pour détruire toute hésitation et décidera sans doute quelque jour un grand administrateur à couvrir de la tutelle intelligente de l'État l'organisation démocratique de cette industrie.

Éclairage au gaz.

Nous dirons ici quelques mots d'une industrie exploitée aujourd'hui par grandes compagnies, dont les actions sont cotées à la bourse dans le voisinage de celles des mines, forges, etc., nous voulons parler de l'éclairage au gaz extrait de la houille, exploité en vertu d'un privilége concédé *régulièrement par les conseils municipaux* ou résultant d'une prise de possession effective ratifiée et défendue contre la concurrence par les municipalités peu désireuses de voir leurs pavés sans cesse bouleversés par des travaux de canalisation. En fait ces compagnies jouissent d'un monopole réel et réalisent des bénéfices très-considérables. Le prix d'éclairage étant aussi élevé que l'ont permis les municipalités, les profits qui ont existé souvent dès le début dans la plupart des grandes villes se sont accrus rapidement avec les progrès de la consommation.

Abandonner de semblables exploitations à des compagnies, n'est-ce pas vraiment reculer d'une manière pusillanime devant l'intervention de la société dans les cas les plus simples? Comment comprendre par exemple qu'une commune aussi riche que la ville de Paris, possédant un budget de recettes de plus de 30 millions, n'ait jamais pensé à se charger de son éclairage au gaz, ait laissé des compagnies traiter si durement le consommateur qu'elles aient forcé le conseil municipal à intervenir. Ne voit-on pas que la commune distribuant le gaz, comme l'eau, au prix de revient, ce qu'elle seule peut faire, contribuerait au bien-être de ses administrés et allégerait en réalité leurs charges, augmenterait leurs richesses sans diminuer ou plutôt en accroissant ses recettes?

Il est juste de dire que la première usine à gaz créée à Paris avait été établie par l'État ou la liste civile, c'est l'usine du faubourg Poissonnière ; mais mal administrée elle ne causa que des pertes jusqu'à ce que cédée à l'industrie privée elle devint une source de fortune, mais pour les acquéreurs du privilége seulement.

Résumé.

Ce dernier exemple nous amène naturellement à formuler le meilleur système économique des monopoles que nous étudions, monopoles qui se rapportent à des services d'un intérêt moins général que ceux que nous avons précédemment considérés, et qui toujours soumis à une certaine concurrence n'ont pas le même caractère absolu que ceux-ci. Entraînant des fabrications, une administration complexe, ce serait à tort le plus souvent qu'on ferait disparaître l'intérêt personnel de l'exploitation d'objets, dont le bas prix est cependant la base essentielle du progrès de l'industrie.

C'est donc la conciliation de l'intérêt privé avec l'intérêt général qu'il faut obtenir, ce qui entraîne une solution particulière pour chaque cas ; et, dans le cas le plus fréquent, la délégation du monopole à une compagnie ou à un individu d'après un contrat spécial rédigé en vue de l'intérêt général.

Ainsi dans le cas de l'éclairage au gaz, la commune, si elle concédait le monopole à une compagnie, pourrait se réserver les 2/3 du bénéfice au-dessus de 6 p. 100, ou abaisser tous les quatre ou cinq ans le prix du gaz pour permettre aux bénéfices de la compagnie de repartir de ce taux d'intérêt.

Pour l'exploitation des mines de plomb nous avons indiqué la solution adoptée en Allemagne, nous croyons que c'est la meilleure ; néanmoins l'État pourrait partager avec une compagnie dont il serait le principal actionnaire l'exploitation de l'usine centrale.

Il pourrait être bon d'agir de même pour des forges, etc.; mais toujours l'État devrait avoir pour but de réduire les prix et ne pas chercher un résultat fiscal. Le véritable produit de ces usines doit être la prospérité de toute l'industrie française obtenant les matières premières à bas prix.

CHAPITRE VII.

MONOPOLE DES INSTRUMENTS DE TRAVAIL, PRINCIPALEMENT SOUS FORME DE MACHINES.

La possession des instruments de travail, ou des capitaux qui servent à les acquérir, est évidemment le plus important de tous les monopoles, si l'accession n'en est pas possible pour tous. Nous dirons plus loin comment elle peut être facilitée par les institutions de crédit, le plus puissant moyen d'assurer à chacun la liberté de fait, l'essor complet de toutes ses facultés. Nous traiterons surtout ici des capitaux accumulés formant des moyens d'action bien puissants, et qui sous forme de machines constituent les grands établissements dont nous avons déjà parlé, et que nous avons cherché à définir en les appelant l'industrie à l'anglaise, l'industrie féodale.

« La puissance d'extension inhérente à la richesse acquise sert puissamment, dit M. Passy (de la Division des héritages) à maintenir les disparités de situation existantes. D'une part, avec les revenus dont ils jouissent, croît, pour les gens riches, la facilité d'accumuler des épargnes ; de l'autre les affaires leur offrent des avantages d'autant plus marqués qu'ils ont plus de ressources à y affecter. « Gagnez le premier million, les autres viendront tout seuls. » Ce vieux dicton commercial est plein de vérité : plus les opérations, plus les spéculations demandent de fonds, moins elles sont accessibles au grand nombre, et plus le peu de concurrence qu'elles admettent les rend lucratives. C'est ce qui permet surtout aux grands capitalistes de réaliser des bénéfices considérables ; seuls ils peuvent agir sur de grandes masses de valeurs ; seuls ils peuvent attendre des résultats éloignés et faire entrer beaucoup de temps dans leurs calculs ; seuls ils sont à même d'acquérir les usines, les établissements, les propriétés dont la grandeur empêche le prix de monter au point que devrait fixer le revenu qu'elles produisent. En vérité, à l'aspect des facilités de gain et d'accumulation réservées aux plus riches, on comprend que ce n'est pas trop des goûts d'ostentation et des penchants désordonnés que leur inspirent si fréquemment la satiété des jouissances, la vanité du rang et les ennuis du désœuvrement pour préserver les sociétés des abus inséparables de la concentration excessive des richesses. »

Voilà le seul remède à un mal parfaitement défini, que trouve un homme profondément honnête! Ne vaut-il pas mille fois mieux que le pouvoir social combatte cette prépondérance du capital en pesant de tout le poids de la puissance énorme de l'association de tous pour rendre la partie égale au travail et à la capacité, non pas en écrasant le capital acquis, c'est-à-dire en faisant rétrograder les plus avancés, mais en favorisant la création et l'appropriation de la richesse pour ceux placés au bas de l'échelle sociale et qui font des efforts pour s'y élever?

Revenons aux fabrications par machines, mode le plus saillant de la concentration des capitaux dans l'industrie productive.

C'est au savant Sismondi que revient l'honneur d'avoir le premier fait sentir l'écueil vers lequel tendait le système de fabrication par machines de la factorie anglaise. Il représente comme l'idéal de l'économie politique le roi d'Angleterre mettant seul en mouvement le mécanisme qui décide le mouvement de tous les automates de son royaume qui effectuent seuls le travail, sans intervention de force humaine. Mais, ajoute-t-il avec raison, il faudra alors que les citoyens qui vivent de leur travail seulement disparaissent, meurent de faim.

En effet, plus le nombre des machines augmente, plus le rôle du capital dans la production devient prédominant, plus celui du travail s'efface, plus enfin se ferme l'issue qui permet à l'ouvrier de s'élever, si en même temps la propriété ne se divise pas. C'est pour cela que l'exploitation par grands ateliers, à l'anglaise, se trouve constituer un monopole de fait qui rend la concurrence impossible pour le plus grand nombre. Quel est le remède possible à cet inconvénient? Ce serait un système qui, se plaçant à la limite idéale que fixait Sismondi établirait le partage général de ce monopole, rendrait tous les citoyens propriétaires du travail des machines. Ce serait l'affranchissement de la race humaine du fardeau du travail, la véritable tendance du travail par machines et ce qui doit faire ranger leurs inventeurs parmi les bienfaiteurs de l'humanité.

Dieu nous garde cependant de l'idée de vouloir rendre l'État propriétaire d'établissements manufacturiers! Un semblable système serait destructif de la société civile dont le développement et la prospérité doit être le but des travaux de l'homme d'État. Plaise au ciel que la France ne fasse jamais à ses dépens l'expérience que dans le travail manufacturier si varié dans ses détails, la surveillance de l'intérêt personnel, de l'œil du maître, est complétement indispensable, que la décision, la fermeté de caractère est chez le fabricant une cause importante de succès. Il est le général d'une armée qui gagne la victoire quand de bons soldats sont bien commandés.

Voici ce qui nous paraîtrait possible pour aider à la division de la propriété industrielle. De même que l'État se charge de la construction et de l'entretien des routes royales dont le bon état importe à la société tout entière, et que les départements, les municipalités construisent et entretiennent les routes départementales, les chemins vicinaux, voies de communication établies dans un intérêt local, de même nous croyons que l'État se chargeant de certains services généraux d'ordre industriel, les municipalités pourraient aussi aider à la prospérité des industries de leur localité.

L'État propriétaire des chemins de fer, faisant jouir le pays de l'avantage du transport à bon marché; intervenant par sa puissante assistance dans le développement de la production à bas prix des matières premières telles que le fer, le plomb, etc., asseoirait sur une base admirable les futurs progrès de la production.

Là, nous croyons, doit s'arrêter l'action directe de l'État ; ce n'est plus que par des encouragements, des tarifs de douane, mais surtout en favorisant les institutions de crédit public qu'il peut agir.

Mais les départements, les municipalités ayant des revenus, un crédit, pourraient ne pas borner l'aide qu'ils apportent à l'industrie du département, de la ville, à l'entretien des routes départementales, mais encore agir directement sur son développement et sa prospérité, et ne pas, comme on l'a vu trop souvent, la laisser froidement périr sous la concurrence de quelque établissement souvent fondé à une grande distance.

Nous bornant ici à l'industrie proprement dite, nous n'avons pas à traiter de l'objet principal de l'administration municipale ; à savoir de produire la vie à bon marché, d'assurer l'approvisionnement de la ville en denrées alimentaires ; de faire circuler l'eau, le gaz, etc. ; de faire jouir en un mot ses administrés de tous les avantages qui peuvent résulter de l'association que nous appelons la Cité.

Relativement à la production, il est impossible de préciser le mode d'intervention des municipalités, vu qu'il doit varier pour ainsi dire dans chaque cas, avec le genre d'industrie.

L'utilisation et la division des forces motrices naturelles à l'aide de grands travaux que la communauté peut seule entreprendre est une des voies que les administrations municipales pourront suivre le plus fréquemment pour le plus grand intérêt de leurs administrés.

Un exemple ou plutôt une hypothèse rendra ceci plus clair. Considérons une ville comme Châtellerault, où le travail du fer est exécuté par un nombre considérable de petits fabricants n'ayant tous qu'un outillage extrêmement minime et ne pouvant par suite entreprendre que la construction d'un très-petit nombre d'articles (la coutellerie) ne disposant pas d'outils, de forces motrices nécessaires pour d'autres fabrications.

Supposons que la municipalité, faisant ce qu'a fait l'artillerie pour la fabrique d'armes blanches qu'elle a établie dans cette ville, eût barré la Vienne pour obtenir une force motrice importante qu'elle eût louée en détail ou même donnée à ses administrés. Ceux-ci étant tenus en échange, d'établir l'un un tour, l'autre un laminoir, un martinet, etc., et à condition de travailler à façon avec ces outils, comme leur intérêt l'eût seul commandé, dès ce moment l'industrie de la ville changeait de face. Non-seulement le plus petit fabricant pouvait, par le seul fait de la fondation de l'établissement communal, adopter pour ses produits des méthodes plus avancées de fabrication qui en eussent diminué le prix de revient, mais encore réussir dans la production d'une foule d'objets de quincaillerie, d'outils, de machines même; l'instruction professionnelle se répandant. Le niveau des fortunes se serait élevé par la mise à la disposition de tous des ressources de la grande manufacture, sans créer au profit de personne de monopole décourageant pour les autres, d'autre privilége que celui de l'intelligence et de la capacité de chacun.

La création et la division de la force motrice entre des locataires est, nous pensons, le plus puissant moyen que les municipalités puissent employer pour développer l'industrie des localités. La force motrice étant un des éléments les plus essentiels de la production industrielle, un de ceux dont la création est la plus coûteuse ; le bon marché d'une simple location sera une cause de multiplication de fabriques, qui ne tendront pas à prendre nécessairement des développements énormes; la division du travail s'opérant par la division de la location de la force motrice, la factorie à l'anglaise sera reconstituée de fait par la réunion de plusieurs fabriques autour d'un même moteur, et celles-ci, devenues partie d'un grand tout, seraient conduites avec toute l'ardeur fécondante de l'intérêt privé.

Nous ne savons si nous parvenons à bien faire apprécier notre pensée. Aider l'industrie de la localité, fournir par le barrage d'un cours d'eau, l'achat d'une puissante machine à vapeur, le moyen à bien des petits producteurs de travailler dans des conditions de succès, c'est aider le succès de la démocratie laborieuse. Puisque le travailleur de la ville paye sa part des charges et impôts, est-il extraordinaire que l'association que forme la municipalité combine les moyens d'être utile à tous? Le prix de la force motrice pesant tout aussi bien que celui des transports sur le prix des objets fabriqués, pourquoi le gouvernement, les municipalités bornent-elles leur action à améliorer les voies de transport? Celles-ci seraient fort bien construites par l'industrie privée, comme en Angleterre, si on voulait lui concéder des droits de barrière. De même que dans ce cas l'intérêt général a primé l'intérêt privé, il doit en être de même dans nombre de cas pour la création de la force motrice pour le plus grand intérêt des administrés.

S'il nous fallait indiquer des villes pour lesquelles de semblables créations seraient d'une grande utilité, rien ne serait plus facile. Paris par exemple, grande ville manufacturière, où le combustible n'arrive qu'à un prix élevé, retirerait les plus grands avantages d'une création semblable. Nous avons indiqué dans l'article Cours d'eau du Dictionnaire des arts et manufactures, comment il était possible, facile même d'utiliser la Seine, à la suite de cette longue ligne de quais qui permet de relever par un barrage le niveau des eaux dans toute la longueur de la ville, et de créer ainsi une chute d'eau dont la puissance motrice serait extrêmement considérable. N'est-ce pas à la municipalité qu'il appartient de réaliser une semblable entreprise qui doit compenser l'une des causes d'infériorité de Paris comme ville manufacturière, la cherté de la force motrice?

Déjà la construction du canal Saint-Maur, ayant atteint un but analogue à celle dont nous parlons ici, a été fort utile, et les forces motrices qu'il permet d'utiliser, peu appréciées à l'époque où les Ponts et Chaussées exécutèrent ce beau travail, quand l'industrie était moins avancée, sont louées aujourd'hui à un prix élevé et parfaitement utilisées, au grand profit de l'industrie de Paris.

Nous n'en dirons pas davantage au sujet de ce mode d'action des municipalités, nous croyons que c'est celui qui doit se rencontrer le plus souvent; mais ce n'est pas le seul. Il est nombre de cas où leur intervention dans une opération industrielle sur laquelle repose toute la production de la localité peut être chose avantageuse, où l'établissement d'un laminoir, d'un découpoir banal (nous avons vu en parlant du plaqué comment cette industrie s'était démocratisée par ce moyen), peut être un véritable bienfait; mais il est impossible de rien dire de général à cet égard: on ne peut que se décider suivant les cas spéciaux et surtout en établissant comme principe fondamental de cette intervention, que la municipalité ne doit jamais faire autre chose que seconder l'industrie privée et non lui faire concurrence; jamais empêcher un citoyen de retirer les fruits de son travail, ne pas écraser ses efforts individuels sous ceux de l'association de tous.

C'est surtout en s'associant au développement de l'instruction professionnelle, moyen d'augmenter le capital intellectuel de tous ses citoyens ; des institutions de crédit qui assurent l'essor de leur capacité, que les municipalités doivent agir ; il y a dans cette voie bénéfice pour tous, et il ne peut y avoir d'inconvénient pour personne. Nous ne traiterons pas ici ces importantes questions sur lesquelles nous aurons bientôt occasion de revenir.

La seule chose que nous voulions établir ici, c'est que par l'intervention des ressources municipales ou communales on obtiendra le développement sous la forme naturelle à notre nation, par agglomération de petits ateliers, des industries qui jusqu'à ce jour n'ont prospéré que sous la forme de grands établissements semblables à ceux de l'Angleterre.

On rendra la concurrence des petits ateliers avec ceux-ci parfaitement possible, grâce à la jouissance des biens communaux, de la main morte industrielle mise à la disposition de petits établissements se groupant pour retrouver par la juxtaposition, tous les avantages de la fabrication en grand, la division extrême du travail, l'utilisation des déchets, etc., sans perdre les avantages du petit atelier où le fabricant n'étant que le premier ouvrier peut appliquer tous ses soins à un détail de fabrication et par sa surveillance intéressée de chaque instant tirer excellent parti des éléments dont il dispose.

Nous allons terminer en cherchant à fixer par un exemple comment, dans, un cas récent le pouvoir social eût pu intervenir dans la production, intervention qui en principe est généralement admise aujourd'hui, quand elle est exercée sagement et respecte la liberté du travail. Nous voulons parler de la filature du lin.

Chacun sait ce qu'était dans nos campagnes la filature du lin et du chanvre : c'était le labeur du pauvre, l'occupation de la veillée sur presque toute la surface de la France; c'était, malgré la modicité du prix des façons, une production très-considérable, une source de bien-être ou au moins un moyen d'existence pour une grande partie de la classe agricole, qui forme les 2/3 de la population française. Et la société ne s'est pas inquiétée de voir tout ce travail disparaître, tous ces salaires échapper aux laborieuses ménagères pour servir à payer le travail des machines anglaises, ou au moins n'a su que favoriser par des droits de douane, l'importation de ces machines pour constituer en France des établissements sur une grande échelle, semblables à ceux de l'Angleterre; y voir concentrer par suite une industrie dont les bienfaits étaient répartis sur toute la surface du pays !

N'y avait-il rien de mieux à faire? On n'oserait le soutenir en présence des déplorables résultats que l'on obtient.

Rappelons brièvement l'historique de l'invention de la filature du lin à la mécanique.

Napoléon, préoccupé du désir d'opposer à l'industrie anglaise du coton, une rivale digne d'elle, proposa un grand prix d'un million pour celui qui parviendrait à filer le lin à des numéros aussi élevés qu'on était parvenu à filer le coton, prenant ainsi une initiative semblable à celle dont nous voulons charger l'État. Grâce à cet encouragement, la filature mécanique du lin devint l'objet d'une préoccupation générale. Seul, et malheureusement à la fin de l'empire, M. P. de Girard résolut le problème : les machines employées actuellement sont celles qu'il a inventées, auxquelles on a à peine apporté quelques perfectionnements.

Mais, dit M. Coquelin, auquel nous empruntons la plupart de ces détails, il ne suffisait pas de produire du fil par des machines, il fallait arriver à soutenir la concurrence des fileurs à la main pour que la filature mécanique existât réellement.

En France dans les provinces les plus riches, le salaire des fileuses ne s'élevait guère à plus de sept ou huit sous par jour, en comptant la journée pleine ; ajoutez à cela que la matière première était à leurs pieds et les frais de transport nuls.

Néanmoins après 1815, quelques établissements se formèrent où les machines inventées entrèrent en fonction : la filature mécanique fut constituée.

En 1824 un Anglais, M. Marshall vint en France visiter nos ateliers, nos établissements, s'appropria d'un seul coup tous les procédés inventés, et alla fonder à Leeds un établissement qui prospéra.

A partir de ce moment, l'Angleterre acquit une supériorité marquée, elle marcha de progrès en progrès. Aussi après avoir pourvu à la consommation de la Grande-Bretagne, ses filatures commencèrent en 1830 à répandre leurs produits à l'étranger, et bientôt inondèrent le marché français à des prix qui ne permettaient plus la concurrence du travail à la main.

Quelle était la position de cette industrie en France ? « En 1831, la France possédait trente-sept filatures de lin à la mécanique : Lille seul en renfermait 12. Situées au centre de la production de la matière première, ces douze machines à filer donnaient des résultats sinon brillants, du moins assez satisfaisants pour encourager les efforts et les sacrifices qu'exigeait le perfectionnement d'une industrie naissante ; mais bientôt cet état prospère fut troublé par l'invasion des produits des filatures anglaises, de telle sorte qu'aujourd'hui quinze ou seize de ces établissements subsistent à peine dans toute la France, il en reste huit à Lille » (Hautrive de Lille, *Dictionnaire du commerce*).

Depuis cette époque on a simplement importé les machines anglaises, copié dans tous ses détails le travail de la factorie anglaise, son emploi des forces motrices, sa production sur une grande échelle, son exploitation par grands capitaux, etc.

Comment est-il croyable cependant que pour une industrie pratiquée de temps immémorial, dont la matière première se rencontre à chaque pas, la France qui avait su inventer la fabrication mécanique, fût incapable de l'exploiter ? Quoi ! les ouvrières qui savent faire ces batistes si fines, chef-d'œuvre de notre industrie, n'auraient pu travailler avec les machines inventées ? Cela n'est pas possible. Sur quoi repose donc le succès de l'Angleterre ? Sur le bon marché des forces motrices, sur le bon emploi de toutes les natures de déchet dans une exploitation sur grande échelle, sur les perfectionnements des machines. N'est-il évident que tous ces avantages peuvent être assurés aux petits ateliers par un peu d'aide, de secours qui leur permet de naître en assez grand nombre pour former par leur juxtaposition une très-grande exploitation ?

Si l'on considère que le peignage se fait encore presque

partout à la main et que dans ce cas la filature du long brin n'exige que trois machines et celle des étoupes deux de plus, nous croyons que l'on eût sauvé cette industrie qui produisait 300 millions de main-d'œuvre outre 175 millions de travaux agricoles, en évitant la concentration dans de grands ateliers de cette industrie par des mesures analogues à celles que nous avons indiquées. Elles pourraient dans ce cas se résumer ainsi :

1° Mise au concours d'un système simplifié de machines correspondant au moindre assortiment possible. Encouragement par diminution de prix aux premiers acquéreurs.

2° Force motrice, local, secours pécuniaire s'il y avait lieu, mis par les communes dont la fabrication des toiles forme l'industrie principale, à la disposition des personnes les plus capables d'obtenir un bon résultat.

Dans ces conditions un pays tel que la Flandre serait bientôt couvert de semblables fabriques, tous les déchets parfaitement utilisés par suite d'une très-grande division du travail, et nous sommes persuadés que, loin de disparaître, l'antique industrie de cette contrée prendrait le plus brillant développement.

CHAPITRE VIII.

MONOPOLES ENGENDRÉS PAR LA SPÉCULATION COMMERCIALE.

Nous diviserons le commerce en deux parties qui correspondent à deux classes distinctes de commerçants opérant d'une manière différente. 1° Ceux qui s'occupent de l'approvisionnement des matières premières, le plus souvent par commerce maritime. 2° Ceux qui détiennent les produits fabriqués et les vendent au consommateur. En un mot, en considérant le producteur industriel comme le vrai centre de la création de la richesse, nous distinguons ceux qui lui vendent et ceux qui lui achètent.

Avant d'attaquer peut-être quelques idées reçues par beaucoup de personnes, établissons bien le principe de toute rémunération due par la société en raison du service qui lui est rendu, ce qui se traduit par le prix *réel* de l'utilité produite. C'est ce qu'établit parfaitement Adam Smith. «Le prix réel de « chaque chose, dit-il, ce que chaque chose coûte réellement

« à celui qui veut se la procurer, c'est le travail et la peine qu'il « faut s'imposer pour l'obtenir... Ce qu'on achète avec de « l'argent ou des marchandises est acheté par du travail, « aussi bien que ce que nous acquérons à la sueur de no- « tre front. Cet argent, ces marchandises contiennent la « valeur d'une certaine quantité de travail que nous « échangeons pour ce qui est supposé alors contenir la « valeur d'une quantité égale de travail. »

Ayant rappelé cette notion fondamentale, il nous sera facile d'apprécier ce qui peut parfois être exagéré dans les taxes que perçoit le commerce.

1° Commerce d'approvisionnement.

La fonction du commerce au point de vue social consiste dans le transport des denrées des lieux de production aux lieux de consommation. Certes c'est là un important et utile travail qui mérite bien une juste rémunération de la part de la société.

Voyez un armateur intelligent. Prévoyant le besoin d'une denrée, il fait partir son navire pour le point du globe où il sait que la récolte de cette denrée a été la plus abondante, où l'achat peut s'en faire aux meilleures conditions. Ayant étudié les besoins de ce pays, il sait quels sont les produits de l'industrie nationale qui s'y vendront le mieux, et en charge son navire pour payer avec cette cargaison les marchandises qu'il va chercher.

Ce n'est pas chose facile que de remplir convenablement une semblable tâche. Connaissance parfaite des besoins de son pays et des pays étrangers, de leurs mœurs, de leur industrie, audace dans l'exécution, telles sont les qualités les plus essentielles de l'armateur commerçant.

Si, au moment où son navire rentre au port, la denrée qu'il a envoyé chercher est à un prix élevé, tant mieux mille fois : il réalisera d'importants bénéfices, en proportion avec le service qu'il aura rendu à la société, qui lui permettront de combiner de nouvelles entreprises au plus grand avantage de son pays.

Nous n'avons pas la même considération pour un autre genre de commerce fort à la mode de nos jours, qui consiste dans l'accaparement d'une denrée, d'une matière première, à l'aide de capitaux considérables, ce qui constitue un monopole momentané. Nous cherchons vainement de quelle utilité a été pour la société une pareille opération ; et si nous voyons bien de l'argent gagné d'une part, il nous est impossible de voir le moindre service rendu, la moindre valeur créée par cette opération.

Nous rapportant à la belle définition du prix réel des objets d'Adam Smith, que nous avons donnée en commençant, nous nions la faculté productive de l'agiotage qui fait naître un prix fictif, ne faisant résulter l'enrichissement des uns que de l'appauvrissement des autres; il y a bien changement de main des richesses existantes, mais nullement production de nouvelles richesses.

L'agiotage est peut-être le fait le plus triste des sociétés modernes. Le jour où la fortune paraît plus facile à obtenir par le jeu, par la hausse ou la baisse, que par le travail, un pays se démoralise bientôt. Il ne serait pas difficile de prouver que la cause principale de la chute de la monarchie a été due au bruit causé par les gains occasionnés par la hausse des actions des chemins de fer. Ce jour-là le peuple gagnant péniblement son salaire, par suite même de la crise industrielle résultant de l'émission d'actions de tout genre qui absorbaient le capital circulant par l'appât du bénéfice, a senti que la tête de la société manquait à ses devoirs, et il s'est accompli dans les esprits ce que Lamartine appelait, bien avant la révolution de Février, la *révolution du mépris.*

Quoi qu'il en soit, c'est évidemment un devoir pour un gouvernement probe de chercher à contenir l'agiotage et le jeu dans les limites les plus restreintes qu'il est possible : car les variations de valeurs qui résultent nécessairement de la plus ou moins grande abondance de la denrée sur le marché, de l'état de l'approvisionnement de celui-ci, ne peuvent être évitées d'une manière absolue.

Dans certaines limites même ce jeu est nécessaire pour assurer l'élasticité du marché, pour qu'on trouve toujours pour une petite variation dans le prix, vendeur ou acheteur.

Les idées que nous émettons ici et qui tendent à soumettre le commerce à une certaine subordination de l'industrie proprement dite seront peut-être contestées, nous croyons donc devoir insister quelque peu sur ce sujet. Nous pensons que les économistes ont fait fausse route en exaltant beaucoup trop la richesse produite par le commerce. En effet, de ce que la valeur en argent d'un produit varie avec sa rareté, avec la volonté du détenteur de ne le vendre au consommateur qui en a besoin qu'à un prix élevé, il s'ensuit bien que ce détenteur devient plus riche, mais précisément de ce dont s'appauvrit l'acquéreur, qui achète à un prix élevé ce qui le lendemain arrivera sur le marché au prix résultant seulement des frais de production.

Que des spéculateurs à la hausse fassent qu'une certaine

quantité de grains qui se vendrait aujourd'hui 100 millions se vende demain 150, ils auront gagné 50 millions qu'aura perdus l'acheteur ; mais il n'y aura toujours sur le même marché que la même quantité de grains, la même richesse réelle.

Au contraire dans la production industrielle, non-seulement le succès de l'entrepreneur produit l'accroissement de la richesse sociale, *ce qui n'a pas lieu dans le cas précédent*, mais encore souvent ce fait est produit malgré sa ruine. Le fabricant n'a pu en effet travailler sans créer une valeur nouvelle; sans doute le travail peut être dépensé plus ou moins avantageusement, mais dans tous les cas il aura créé un accroissement de richesse d'autant plus grand, qu'il aura été dirigé avec plus d'intelligence.

C'est la production qui est le grand problème à résoudre, ses intérêts sont ceux de la société même, qui doit chercher par tous les moyens à l'accroître et la mettre à la disposition de tous ; jamais l'agiotage ne doit pouvoir venir opprimer et écraser le producteur.

De quels moyens d'action dispose le gouvernement pour resserrer les limites entre lesquelles le jeu peut s'exercer d'une manière avantageuse pour tous ?

Ces moyens se réduisent à deux : les tarifs de douane ; les entrepôts et avances sur consignations.

Tarifs de douane. — Les droits de douane sont aujourd'hui un puissant moyen d'intervention de l'État dans la production industrielle et les relations internationales des peuples. Ces droits, lorsqu'ils sont fixes, ne gênent aucune opération d'accaparement ; mais il n'en serait pas ainsi, s'ils étaient mobiles, à peu près comme cela a lieu pour les céréales.

Le droit sur le blé est fort élevé quand celui-ci est à bon

marché, quand la récolte a été abondante ; il empêche le blé étranger de venir approvisionner le marché français. Mais quand le prix s'élève, quand la disette commence à se faire sentir, le droit diminue et bientôt le blé étranger entre en liberté et vient diminuer les privations du consommateur.

Dans un semblable système, la disette factice, l'élévation du prix des céréales par spéculation et accaparement devient impossible. Ne devrait-il pas en être de même pour toutes les denrées ; et tant qu'il y aura des droits de douane (dont nous ne voulons pas discuter ici les vertus ou les défauts), ne devraient-ils pas, étant fixés à un taux suffisant pour assurer aux usines françaises l'approvisionnement du marché intérieur, décroître à mesure que la spéculation élève le prix des produits bien au-dessus du prix de revient et rançonne le consommateur ?

Récemment nous avons vu le prix du fer s'élever considérablement par suite de la grande consommation à laquelle les chemins de fer donnaient lieu, et de l'accord existant entre les grands établissements de production pour élever les prix. Était-il juste que dans une semblable position, le fer étranger fût repoussé par un droit tellement élevé qu'il empêchât toute introduction ? Ce droit n'a plus pour objet, dans ce cas, de permettre à une industrie d'exister, il ne sert plus qu'à assurer le bénéfice des spéculateurs à la hausse. Évidemment le pays n'a aucun sacrifice à faire, aucune privation à s'imposer pour atteindre un pareil but.

Il serait donc juste d'admettre le principe suivant, dont il faudrait régulariser l'application par quelques dispositions réglementaires, pour prévenir tout abus. Le prix des produits, suffisant pour assurer aux fabriques un bénéfice raisonnable étant établi, toutes les fois que le prix du marché surpasserait le prix fixé, la douane devrait diminuer le droit qu'elle perçoit d'une quantité à peu près égale à cet excédant, jusqu'à extinction complète du droit de douane. Un semblable système, contrariant l'accaparement exagéré sans gêner en rien les bénéfices du commerce régulier, serait très-avantageux au fabricant dont les calculs sont trop souvent compromis par l'agiotage exercé sur les matières premières, ce qui fait qu'à certains jours les prix des objets fabriqués ne sont plus en rapport avec celui des matières premières, et expose le producteur à perdre souvent plus que la valeur entière de son travail; injustice évidente qu'il est du devoir de la société d'empêcher.

Des entrepôts et avances sur consignation. — Les matières premières importées de l'étranger et soumises aux droits de douane, s'accumulent, comme chacun sait, dans les entrepôts. Le commerçant qui les y a déposées trouve le grand avantage de ne payer le montant des droits que lorsqu'il retire les marchandises de l'entrepôt pour les livrer à la consommation, par conséquent au moment de ses rentrées. Ces entrepôts forment des établissements publics de la plus grande importance; ils permettent de connaître en chaque instant l'état du marché, quelles marchandises vont manquer, quelles autres sont en quantité surabondante, et par suite permettent au commerce d'opérer sagement.

Pour obtenir la régularité de prix, éviter les variations trop considérables par l'agiotage, il importe que les entrepôts soient toujours largement approvisionnés, eu égard au besoin de la consommation, approvisionnement qui en raison de son importance devient un régulateur du prix de la denrée, et lui assure une fixité favorable au travail.

Pour que ce but soit atteint pleinement, il faut que les

capitaux affluent dans cette direction, que la fonction commerciale puisse être remplie par grand nombre de personnes.

C'est le problème que l'Angleterre a parfaitement résolu par les *warrants*, ou récépissés de dépôt délivrés aux importateurs par les directeurs des docks. Ces warrants, transmissibles par endossement, représentent la marchandise même, la mobilisent, et celle-ci est remise au porteur du titre qui la réclame. Le banquier peut donc facilement faire des avances sur une valeur qui vaut une consignation parfaitement certaine de la marchandise, et le commerçant peut ainsi se livrer à de vastes entreprises avec un capital limité. Cette institution est donc vraiment précieuse, et l'on doit savoir bon gré à M. Garnier-Pagès de l'avoir introduite en France en autorisant le Comptoir national d'escompte à compter comme une signature le récépissé de la douane, des magasins publics, c'était donner à celui-ci toutes les qualités du warrant anglais.

Ce n'est pas seulement pour les matières premières importées par commerce extérieur qu'une semblable institution est précieuse, mais encore pour toutes celles qui servent de base à des fabrications très-importantes. Ainsi à Lyon, où un établissement municipal fort important qui a pour objet le conditionnement des soies, en permettant de faire reposer le commerce des soies, sur des bases fixes, a puissamment aidé à lui conserver la supériorité du marché il serait très-utile de créer quelque chose d'analogue. Le bon marché et la régularité du prix de la matière première sont les bases évidentes de la prospérité d'une industrie telle que l'industrie lyonnaise, et il importerait de lui assurer ces avantages en présence des efforts de rivaux entreprenants. Or qu'ont fait ceux-ci? des Monts-de-piété pour les soies, c'est-à-dire ce que nous voudrions. La municipalité ne pourrait-elle, par exemple, à l'aide d'un emprunt, créer un entrepôt des soies, et à un taux d'intérêt peu élevé, faire aux déposants l'avance des trois quarts de la valeur ? Les capitaux engagés dans le commerce de soies brutes devenant ainsi en grande partie disponibles, agiraient avec plus de facilité pour assurer à Lyon un marché qui ne pourrait plus lui échapper.

C'est l'idée qu'on a cherché à réaliser à l'aide des Sous-comptoirs du Comptoir national d'escompte, et qui, appliquée à des industries fournissant des matières premières pour d'autres fabrications, la papeterie, les métaux, etc., donnera, nous croyons, d'excellents résultats; moins assurés quand ils s'appliquent à des objets de consommation, tels que livres, étoffes, etc.; nous y reviendrons bientôt.

Nous terminerons ce qui a rapport à cette série d'idées en faisant remarquer qu'il ne faudrait pas que les warrants devinssent un moyen de faire l'accaparement sur une très-vaste échelle, en permettant de différer la vente de la denrée à l'aide des ressources qu'ils fournissent, et forcer ainsi le consommateur à en donner un prix trop élevé.

Nous avons déjà indiqué le remède, il est le même que pour les tarifs de douane : il consisterait à arrêter la marche de l'entrepôt, les avances, ou à rendre les récépissés les plus anciens exigibles aussitôt que le cours de la marchandise dépasserait un prix peu différent du prix moyen, et fixé d'avance.

De la sorte ces établissements rendraient d'immenses services et permettraient au commerce de remplir parfaitement sa fonction, tout en assurant contre la spéculation exagérée le producteur industriel.

2° Commerce de consommation.

On ne fabrique que pour vendre : lors donc qu'un petit nombre de marchands se trouvent en possession du marché, il leur est facile de dicter la loi au fabricant. Cette position, ainsi que nous l'avons déjà dit, n'est pas équitable. Le rôle du commerce, dans sa fonction importante sans doute d'échanger et de distribuer les valeurs, n'est cependant que *secondaire*. Il n'est pas créateur de richesse comme la production même, et s'il doit en recevoir une équitable rémunération, il ne doit jamais pouvoir l'opprimer.

Cet abus se traduit en deux systèmes qui correspondent toujours à la concentration des capitaux entre les mêmes mains, et se fait sentir par deux effets.

1° La consignation et l'avance sur marchandises que reçoit le marchand, et dont il ne paye qu'une partie du prix au fabricant dont il reste le commissionnaire.

Ce système est évidemment ruineux pour le fabricant placé dans une dépendance complète et perpétuelle du marchand, dont il attend sans cesse quelque argent et quelque règlement de compte qu'il est souvent forcé d'accepter par besoin d'argent, malgré la surtaxe qu'il est forcé de payer et qui souvent engloutit au delà des bénéfices de la fabrication.

Pour que l'équilibre soit rétabli entre les deux contractants, il faut que le nombre des acheteurs ne soit pas trop réduit, que leur concurrence les fasse rentrer dans leur véritable rôle de commissionnaires.

Cela résultera en partie de l'extension du crédit dont nous parlerons plus loin. Il en serait ainsi avec des banques nombreuses qui rechercheraient les récépissés correspondant aux produits consignés, une des meilleures opérations de banque possibles, ce qui augmenterait le crédit du fabricant pouvant devenir plus exigeant. Cela arrivera bien plus sûrement encore par des institutions de mutualité, semblables à celles des sous-comptoirs dont nous donnons aux notes les statuts, qui, par leur nature même, réduiront les charges de la consignation au strict montant des frais et de l'assurance établie à l'aide de la mutualité contre toute dépréciation ; fourniront le crédit aux meilleures conditions possibles d'après la seule nature du gage, sans acception de personnes.

Il est à remarquer, toutefois, que les marchandises de goût ne peuvent vieillir longtemps dans des magasins sans être rapidement dépréciées ; les avances sur marchandises ne doivent dans ce cas être considérées que comme fournissant des ressources temporaires. Pour qu'il en fût différemment, il faudrait combiner le système de consignation ou d'avance d'une partie de la valeur avec celui dont nous allons parler.

2° La concentration des ventes dans de vastes magasins, leur centralisation en diminuant le nombre des marchands, rend la condition du fabricant plus mauvaise.

Ne pourrait-on réaliser cette concentration sur une échelle bien plus vaste, mais au profit mutuel de tous, faire quelque chose d'analogue à ce qui a lieu pour les marchés où se vendent à Paris les denrées alimentaires, et où l'on a résolu le problème d'assurer la sécurité du producteur, sans exiger qu'il vienne seulement veiller à ses intérêts?

Supposons que les municipalités, celle de Paris, par exemple, établissent de vastes magasins où seraient reçus les produits de l'ébénisterie, les bronzes, les papiers peints, etc., où tout fabricant pût avoir, pour un droit modéré, un emplacement et pût faire faire sa vente directement. Le bon marché attirerait bientôt l'acheteur, qui, pour l'ébénisterie, par exemple, va au faubourg Saint-Antoine acheter avec avantage, quoique de *seconde main*, ce que, chez son tapissier, il n'aurait peut-être que de troisième main, et que dans notre marché, il aurait de première.

Sans doute, les marchands en boutique se plaindront, mais outre que pour la classe riche leurs magasins seraient supérieurs aux marchés envahis par les objets communs, si la concentration chaque jour croissante des ventes dans d'immenses magasins privés doit les ruiner, (et c'est surtout dans ce cas que l'intervention dont il s'agit nous semble désirable), mieux vaut pour eux qu'ils puissent trouver dans ces marchés, un moyen de tirer parti de leurs capitaux et de leurs connaissances que d'épuiser toutes leurs ressources à soutenir un combat inégal.

Dans ce système de marchés, l'*administration* devrait toujours exiger deux choses : 1° Le prix fixe en raison duquel se toucherait le droit du marché, et qui, marqué sur l'objet mis en vente, ne pourrait être diminué sous peine d'amende, afin de forcer à la sincérité des transactions ; 2° la marque loyale et vérifiée par l'inspecteur, indiquant tous les éléments de la fabrication.

Les marchandises avariées, défectueuses, ne seraient pas acceptées pour empêcher la concurrence qu'elles pourraient faire aux produits bien fabriqués ; en un mot, on proscrirait le bon marché résultant seulement de l'infériorité de fabrication.

Ce système mériterait d'être tenté avec prudence pour certains produits ; nous croyons qu'il a déjà été proposé pour l'ébénisterie, il y a quelques années ; nous ignorons les causes qui se sont opposées à son exécution. On lui reprochera d'être fait pour l'ouvrier en chambre, ou le petit fabricant, c'est son mérite à nos yeux. S'appliquant à des industries organisées de la sorte aujourd'hui, on verra prospérer des travailleurs, qui, au lieu de vendre difficilement au marchand le produit de leur travail pour une partie de sa valeur, n'auront qu'à le porter au marché pour en recevoir immédiatement un certain prix comme consignation, et toucher bientôt après le complément du prix payé par l'acquéreur.

Marque d'origine.

Le moyen le plus puissant d'affranchir le fabricant (au moins pour grand nombre de produits) de la pression trop forte qu'exerce souvent sur lui le marchand, consiste à le mettre presque en relation directe avec le consommateur en l'obligeant à indiquer l'origine de ses produits par une estampille. Les avantages de cette mesure sont clairement indiqués dans la proclamation suivante, due à la verve de M. Jobard, de Bruxelles.

Appel aux fabricants français.

« Est-il besoin de démontrer qu'aujourd'hui le fabricant est le très-humble serviteur du marchand?

Que le producteur a beau faire des prodiges de bon marché, le commissionnaire n'est jamais satisfait, et le menace sans cesse de le laisser dans la misère, lui et ses ouvriers, s'il ne consent à de nouvelles réductions?

Fabricants de Paris! sortez donc un jour de vos ateliers pour aller vérifier dans les magasins le prix des objets sortis de vos mains, et vous serez stupéfaits des bénéfices exorbitants que les intermédiaires prélèvent sur votre travail!

Vous comprendrez alors que si le débit n'est pas aussi actif que vous étiez en droit de l'espérer, cela tient à l'exagération des prix de détail qui éloignent le consommateur.

Les producteurs ont eu le plus grand tort de se soumettre aux commissionnaires, et surtout de pousser la condescendance au point de se prêter, sans résistance, à toutes les fraudes et adultérations qu'ils leur imposent.

Il est temps que cet abus finisse et que chacun reprenne sa véritable position dans la société; le moyen est fort simple et se trouve tout entier dans la *marque d'origine obligatoire* dont la Chambre est saisie en ce moment.

Avec la *marque* le fabricant sortira de l'obscurité où les intermédiaires ont tant d'intérêt à le tenir, pour cacher le lieu de provenance des produits et surfaire impunément.

C'est ainsi qu'ils s'enrichissent facilement en vous tenant toute votre vie dans la gêne et sur la limite de la banqueroute.

Avec la marque, tout travailleur aura, comme le soldat de l'empire, *son bâton de maréchal dans son sac !*

Oui ! la *marque d'origine* est la clef de la renommée, de l'achalandise et du crédit ; l'instrument impartial de la justice distributive ; le rémunérateur inflexible des bonnes et mauvaises œuvres !

Si le travail est la seule *source légitime de la considération, des honneurs et de la richesse*, la *marque* est le seul moyen d'en perpétuer la possession dans la famille.

La marque sera pour l'industriel un *blason* qu'il s'efforcera d'ennoblir par son talent et sa probité, et dont la valeur est susceptible de s'accroître encore de génération en génération.

Fabricants, artistes, artisans français, appuyez de vos pétitions la courageuse délibération du conseil général de la Seine ; vous obtiendrez de la législature cette première solution si désirée de l'organisation du travail, vous prouverez au monde que votre probité est au niveau de votre talent et que vous n'êtes point coupables des tromperies qui ont flétri d'un si fâcheux renom la plupart des produits français à l'étranger.

Demandez, pour plus de garantie, la légalisation de vos marques par le *timbre de la cité* et le *sceau de l'État*, afin que votre signature puisse faire foi par toute la terre.

Vous fermerez ainsi la bouche aux seuls détracteurs de la marque d'origine, que vous avez fait la faute d'élever à la législature, parce qu'ils étaient devenus puissants par le commerce anonyme et que vous étiez sous leur dépendance. On se demande s'il s'en trouvera un seul assez dénué de sens moral pour élever la voix contre une pétition qui demandera *que chacun soit responsable de ses œuvres !*

C'est à vous, les véritables auteurs et représentants de la fortune industrielle de la France, qu'il appartient de réclamer vivement une mesure destinée à ramener la sincérité, la justice et la probité dans les relations commerciales de la France avec les peuples étrangers, qui ne tarderont pas à vous imiter tout en vous admirant.

Ne redoutez ni les menaces, ni les conséquences de votre honorable démarche; car à dater du moment où vous serez unis dans ce but, rien de plus facile que de vous entendre, s'il le faut, pour établir de *grands bazars* où vos produits divers seront débités par vos *préposés* à cinquante pour cent de moins que par les intermédiaires actuels. Ces intermédiaires, vos maîtres aujourd'hui, redeviendront demain ce qu'ils n'auraient jamais dû cesser d'être, vos *commis*, vos *agents* et les très-humbles serviteurs du public, qui ne pourra, comme vous, se soustraire à leur rapacité croissante que par la *marque d'origine obligatoire!* »

CHAPITRE IX.

MONOPOLES RÉSULTANT DE LA SUPÉRIORITÉ INDUSTRIELLE.

Le producteur qui emploie toutes les ressources de son habileté, de son intelligence, à créer un produit mieux que tout autre, ou à des conditions plus avantageuses, cherche par tous ses efforts à acquérir une supériorité réelle, par suite à se créer un véritable monopole, et le plus sacré de tous, car il tire de son génie seul les moyens d'être utile à la société et celle-ci n'est que juste en rémunérant les services qu'elle reçoit.

Nous ne nous appesantirons pas sur les moyens de succès qui résident dans la bonne administration, la bonne organisation des travaux, sur le talent de prévoir les produits que le consommateur va réclamer, toutes conditions essentielles du succès de chaque instant et dont le producteur est directement récompensé par les bénéfices qu'il retire de son industrie.

Nous considérerons surtout les modes les plus saillants

que revêt la capacité industrielle pour accomplir un progrès durable, afin de constituer un monopole que la loi a déjà consacré dans plusieurs cas sous les noms de propriété littéraire, dont nous avons déjà dit quelques mots, de propriété artistique et surtout de propriété des inventions pour lesquelles la loi accorde des brevets qui assurent à l'inventeur l'exploitation exclusive du produit de son génie.

Est-il une propriété plus sacrée que celle de l'inventeur, en est-il une que la société doive entourer de plus de sollicitude à double titre : parce qu'elle est débitrice envers l'inventeur qui vient augmenter ses richesses, parce que cette propriété est le moyen mis à la disposition de l'homme de génie d'arriver à la fortune, qu'elle est par suite la consécration pour l'industrie de la seule forme de société admissible, celle qui laisse arriver dans les positions les plus élevées, les plus capables et les plus dignes.

Rappelons brièvement l'étendue des services que rendent à la société les inventions nouvelles.

Considérons une denrée, un kilogramme de fer, par exemple, et supposons que sa production coûte 50 centimes. Qu'un marchand profitant de la gêne du producteur, de la crise momentanée qui afflige cette industrie, en acquière une grande quantité qu'il puisse vendre 40 centimes le kil. : le commerçant use dans ce cas de son droit, et nous ne blâmons nullement son opération qui évite au producteur un plus grand avilissement de ses produits; mais s'il fait un bénéfice sur cette opération, s'ensuit-il que la société en fera un aussi? Évidemment non, si le producteur a été obligé de vendre au-dessous du prix de revient et si le bénéfice du consommateur correspond à la ruine du producteur.

Qu'au contraire, par quelqu'une des inventions que nous avons vu réaliser de nos jours, l'emploi du coke, des souffleries à l'air chaud, l'emploi des gaz perdus par le gueulard, etc., le producteur puisse abaisser son prix de revient, de telle sorte que le prix de vente de 40 centimes le kilogramme lui assure un bénéfice suffisant : n'y aura-t-il pas création nouvelle de richesse pour la société si la différence entre le prix ancien et le prix nouveau est capitalisée, ou jouissance correspondante à la valeur de ce capital si le prix est abaissé ?

D'où provient cette création de richesse ? Évidemment de l'invention.

Nous pouvons donc poser comme évident : que l'invention a une influence immense sur l'abondance de la production et le bas prix des objets fabriqués, et par suite sur la richesse sociale. Car bien qu'on ne reconnaisse comme servant à fixer la valeur que le rapport entre l'offre et la demande, comme néanmoins le fabricant ne produit qu'autant que le prix offert dépasse le prix de revient, et d'autant plus abondamment que la différence est plus grande, c'est en réalité le prix de revient qui forme la base fondamentale du prix de vente.

Si l'on entend dans le sens le plus large le mot invention, on voit qu'il résume tout le travail intellectuel appliqué à la création de la richesse ; la partie la plus essentielle, bien que trop oubliée aujourd'hui, du travail de la production, par quelques esprits chagrins qui paraissent vouloir le faire reposer exclusivement dans la fatigue physique.

Supprimez l'invention, vous supprimez l'industrie, les arts, la civilisation tout entière.

Favorisez l'invention, vous augmentez le bien-être et la

gloire d'un peuple, et lui faites accomplir, avec une rapidité inouïe, les plus admirables progrès.

Mais comment favoriser l'invention ? est-ce par des prix, des récompenses? Enfantillage que tout cela ! Il n'y a aujourd'hui de sérieux pour l'homme que la propriété qu'il conquiert à la sueur de son front, par sa propre supériorité, sans la protection de personne ; propriété qui lui assure l'indépendance et la liberté. C'est ce qu'ont reconnu plus ou moins hardiment les législateurs qui se sont succédé, au moins pour les cas les plus saillants, ceux qui se rapportent aux brevets d'invention. Personne au reste ne songe à contester à l'inventeur la propriété de son invention. Que pourrait en effet lui répondre la société s'il venait lui dire : Mille hommes produisent par jour telle quantité d'une certaine marchandise, j'ai inventé une machine avec laquelle ils en produiront le double avec la même fatigue, mais je ne la construirai pas, si vous ne m'assurez une partie du bénéfice qu'en retirera la société? Que pourrait faire de mieux celle-ci, fût-elle une société communiste, que d'accepter cet accroissement inespéré de richesse, qui lui échapperait sûrement de toute autre manière, car la pensée est insaisissable? Nous savons que dans la pratique la publication des inventions étant exigée pour l'obtention des priviléges douteux, ceux-ci devenus bientôt caducs laissent l'invention à découvert, et la société s'en empare. Mais alors elle est infâme, elle a attiré l'inventeur dans un piége pour le dépouiller, et de plus elle a été parfaitement absurde, elle a éventré la poule aux œufs d'or. Vouloir que l'homme de génie passe sa vie à travailler péniblement, jour et nuit, aux progrès de l'humanité, et ne lui assurer en même temps pour récompense de son travail que misère et déceptions, ce n'est pas seulement une affreuse injustice de la part de la société, c'est encore la plus insigne maladresse. Comment la fécondité du travail ne serait-elle pas en rapport avec la rémunération ?

Si l'on considère les progrès de l'industrie (1) chez les divers peuples, on reconnaît ce fait incontestable, que l'ère industrielle n'a commencé à poindre que du jour où des garanties ont été accordées aux inventeurs ; ainsi, l'Angleterre a eu 167 ans d'avance sur la France, la France 22 ans d'avance sur la Prusse, et la Prusse ne l'emporte que de 7 ans sur les Pays-Bas. L'Espagne, l'Italie, le Portugal, les Deux-Siciles, et les petits États allemands accordent depuis trop peu d'années de trop précaires garanties aux inventeurs, pour qu'ils y portent leurs industries. Quant à la Turquie, à l'Égypte, à la Perse et aux Indes, l'industrie et les arts ne commenceront à s'y développer, que du jour où ces pays seront dotés d'une loi protectrice de la propriété des œuvres de l'intelligence, c'est une prédiction que l'on peut faire à coup sûr.

A quoi servirait-il à un Turc, à un Persan, à un Arabe, d'inventer quelque chose, quand il n'est pas même abrité pour cinq ans, comme nous, contre le vol et la contrefaçon? Voilà pourquoi la civilisation, fille de l'invention, fait

(1) Un savant auteur, M. Jobard, de Bruxelles, lutte depuis plusieurs années pour établir les vrais principes à cet égard, et, sous le nom de *monautopole*, revendique les droits de la supériorité industrielle. Nous ne croyons pouvoir mieux faire que d'extraire de ses nombreuses brochures, les passages qui nous permettront de faire apprécier son système qui n'est autre chose que la réclamation de la plus sacrée des propriétés. Toute la fin de ce chapitre est formée presque exclusivement de ces extraits.

si peu de progrès dans tous les pays où il n'existe pas de lois protectrices des œuvres du génie. Voyez au contraire si tous les inventeurs ne se sont pas toujours donné rendez-vous en Angleterre, le pays où la propriété industrielle est le mieux protégée, et depuis le plus longtemps.

Plus vous limiterez, gênerez la propriété de l'invention, moins les efforts de tout genre viendront concourir à l'accomplissement du progrès dont on n'aura pas l'espoir de jouir. Qui construirait une maison, si au bout de quinze ans on devait l'abandonner? et pourtant combien une maison est-elle plus vite en plein rapport qu'une invention, la plupart du temps si loin d'être terminée le jour où l'inventeur prend un brevet !

Le découragement chez les inventeurs, leur abandon par tous, voilà ce que produit de plus clair la loi qui limite à 15 ans le droit de paternité sur les enfants de l'intelligence. Changez cette loi, et permettez-leur *de vivre tant qu'ils pourront*, et vous changerez la face des choses, vous vivrez dans un siècle de merveilles, vous attirerez sur votre pays la bénédiction d'en haut, en y appelant la richesse et le bien-être; vous amènerez par mille canaux l'or de l'étranger, en échange de vos produits perfectionnés et à bon marché ; vous rendrez vos voisins tributaires et vassaux, vous occuperez tous les bras et toutes les têtes disponibles.

L'ouvrier ingénieux qui trouvera un mode abréviatif, un procédé préférable, une combinaison avantageuse, n'aura qu'à les faire enregistrer chez la première autorité voisine, pour en avoir la propriété, et en retirer des fruits relatifs à leur importance. L'invention deviendra la plus honorable, la première des professions. L'étude, la méditation, l'expérience acquise et la probité, serviront à l'avancement des travailleurs, au lieu de servir à leur ruine, comme aujourd'hui; chaque individu aura sa valeur réelle, quand la loi protégera le fonds intellectuel aussi bien que le fonds matériel; la moralité, la science, le talent, seront des moyens de fortune et de considération aussi assurés que le sont aujourd'hui l'ignorance, la fraude et le charlatanisme; enfin, la capacité réelle prendra la place de la capacité fictive.

Nous l'avons dit, si l'Angleterre est plus puissante que la France par les machines, c'est parce qu'elle accorde aux machines des patentes beaucoup plus solides que les nôtres et depuis beaucoup plus longtemps.

De même, pourquoi la France est-elle supérieure à l'Angleterre pour les objets de goût? C'est parce que la France accorde depuis cinquante ans des priviléges perpétuels aux inventeurs d'objets d'art et que l'Angleterre n'en accorde pas plus que l'Allemagne, pas plus que le reste de l'Europe, que l'on accuse de manquer de goût, quand ce sont leurs gouvernements seuls qui manquent de prévoyance et de lumières.

Voilà qui est péremptoire en faveur du privilége et de la protection.

Or, il n'existe aucune différence entre la propriété des inventions industrielles et la propriété des dessins et modèles de fabrique, des opéras et des recettes, des objets d'art ou de littérature, du fond ou de la forme, dont vous reconnaissez déjà la propriété pendant la durée de la vie de l'auteur. Au lieu d'être une entrave au développement du travail, le brevet est donc un encouragement et une source de travail inépuisable.

Nous savons bien qu'on va s'écrier : Mais ce sont des monopoles que vous voulez établir ; sans aucun doute, et les monopoles les plus sacrés de *tous*, *ceux qui assurent* la fortune à la capacité *et* au *mérite*, qui en font la récompense du plus digne, de celui qui a rendu à la société les plus grands services. C'est sur un monopole qu'est fondée l'institution qui fait qu'il existe des familles, qu'une nation est formée de citoyens libres et indépendants et non d'un troupeau de sauvages ; nous voulons parler de l'*institution de la propriété* foncière qui est évidemment un *monopole*, et c'est parce que ce *monopole* est perpétuel qu'il a produit de bons résultats et conduit l'Europe au point élevé de civilisation où nous la voyons.

Si vous voulez doubler cette civilisation, doublez le nombre des *monopoles* et des *monopoleurs*, en instituant la *propriété industrielle* sur les bases de la *propriété foncière*.

Le *monopole* territorial ne peut amener d'abus, direz-vous, à cause du grand nombre de privilégiés qui entretient la *concurrence* entre eux ; cela est vrai.

Mais ne voyez-vous pas qu'il en sera de même pour l'*industrie*, le commerce, les arts, la littérature, etc.? Il y aura des masses considérables de privilégiés qui exploiteront, vendront, loueront, partageront leur *privilége*, comme on exploite, vend, afferme, engage la propriété foncière. Il y aura du chef de cette nouvelle propriété autant de transactions que du chef de l'ancienne, et l'État pourra, s'il le veut, doubler le revenu de ses droits de mutation.

Sans le *monopole* perpétuel des terres, croyez-vous que vous auriez ces belles fermes, ces grands châteaux, ces riches palais et ces magnifiques jardins, qui font l'honneur et la richesse d'un pays civilisé?

Eh bien, si vous voulez voir votre territoire se couvrir d'usines, de fabriques et de riches établissements industriels, assurez-les contre les attaques meurtrières de la libre *concurrence* quand elle ne sait pas se présenter avec un moyen de production supérieur à celui déjà employé.

Il n'y a pas moyen de s'y méprendre : c'est la propriété terrienne qui a créé l'ordre social actuel ; ce sera l'établissement de la propriété intellectuelle qui achèvera l'œuvre civilisatrice intégrale à laquelle le monde aspire.

Il importe donc de compléter et reprendre toutes les institutions actuelles relatives à la propriété littéraire, aux marques de fabrique, aux brevets d'invention, etc., pour les refondre au point de vue d'une reconnaissance plus formelle et plus complète de la *propriété intellectuelle*, que les législateurs passés n'ont jamais osé reconnaître avec assez de franchise ; en adoptant ce grand principe d'équité, que certes personne ne voudra contester : *Rendre chacun propriétaire et responsable de ses œuvres*, ce qui, appliqué à toutes les branches du travail, revient à demander des lois assurant d'une manière certaine :

A l'inventeur — la propriété de son invention, afin qu'il ait selon sa capacité ;

Au fabricant — la propriété de sa marque, afin qu'il ait selon son habileté ;

Au marchand — la propriété de son estampille, afin qu'il ait selon sa probité ;

A l'ouvrier — la propriété de son travail, afin qu'il ait selon sa force et son activité.

PART DE L'INVENTEUR.

A chacun suivant sa capacité.

L'inventeur étant assuré de la propriété de son invention, récolterait en raison de l'excellence de celle-ci, comme il le fait aujourd'hui, lorsqu'il parvient à une exploitation fructueuse avant l'expiration du monopole à trop court terme que lui confère la loi des brevets.

Watt et Arkwright ont chacun gagné, par l'exploitation de leurs inventions, de grandes fortunes ; mais ils ont fondé la richesse industrielle de l'Angleterre. Y a-t-il un Anglais qui ait trouvé exagérée la rémunération qu'ont reçue ces grands citoyens? Évidemment non. Et remarquons en passant que Watt serait probablement mort dans la misère, si le parlement n'avait prolongé de quatorze à vingt-cinq ans la durée de son brevet ; se rapprochant ainsi de la durée de trente ans que nous croirions convenable de faire passer dans la loi.

Ce sont surtout les petites industries, il faut bien le remarquer, qui ont besoin du privilége de la loi, plutôt que les grandes qui disposent de grands capitaux. Ce sont elles surtout qui ont besoin de garanties légales ; les grands fiefs, les grands apanages n'auraient pas la protection de la force publique qu'ils pourraient encore se défendre eux-mêmes.

Mais le petit cultivateur, le petit propriétaire, ont besoin de pouvoir dire comme le meunier de Sans-souci : *Tu ne prendras pas mon moulin, car il y a des juges à Berlin!* Le petit fabricant, le petit industriel peuvent-ils avec les lois actuelles tenir un pareil langage aux rois de la finance? Non, cent fois non! Ils doivent se laisser prendre sans mot dire, leur métier, leur invention, leur gagne-pain, parce que leur droit n'est pas reconnu d'une manière assez large, parce que les frais de procédure sont ruineux.

La loi des brevets exige une réforme complète pour consacrer clairement, suffisamment les droits de l'inventeur. Nous donnons aux notes, celle que M. Jobard a préparée pour les Chambres belges, dans le but de faire reconnaître une durée bien plus grande aux brevets que dans la loi française, et surtout en vue de débarrasser les inventeurs des piéges de la procédure.

PART DU FABRICANT ET DU MARCHAND.

A chacun selon sa probité.

La part du génie étant réglée, il faut faire la part de ceux qui, privés de l'esprit créateur, s'appliquent à mettre en pratique les inventions des autres, et produisent une foule de choses utiles que le marchand se charge de transmettre aux consommateurs.

Quels stimulants avons-nous à leur offrir?

Comment la classe immense des fabricants, négociants, boutiquiers, colporteurs, pourrait-elle être rémunérée de son travail? en vertu de quelle formule croyons-nous pouvoir améliorer son sort? la voici : *A chacun selon sa probité.*

Que faut-il pour y parvenir?

Il faut que chacun soit obligé d'appliquer son nom, ou une marque distinctive équivalente, sur tous les objets qui sortent de sa fabrique, ou de sa boutique ; il faut que le manufacturier signe les articles qu'il fait, le marchand les articles qu'il vend, et qu'ils en acceptent la responsabilité morale.

Si leurs fournitures sont bonnes, s'ils servent bien leurs pratiques et ne les trompent jamais, il est évident que leur clientèle s'accroîtra de jour en jour, et qu'ils se créeront aussi bien un patrimoine par leur probité, que l'inventeur par son génie ; tandis que les fabricants et les marchands négligents et malhonnêtes marcheront à leur perte.

Il y aura de la sorte prime à la probité, et ruine à la fraude ; ce qui est encore de la justice de bon aloi.

PART DE L'OUVRIER.

A chacun selon sa force et son activité.

Nous avons démontré comment on peut donner satisfaction à la tête du corps social, c'est-à-dire, à l'*inventeur*, en le rendant propriétaire de ses œuvres, de quelque nature ou qualité qu'elles soient ; nous avons également expliqué comment l'industrie et le commerce pouvaient être moralisés, par le moyen des *marques obligatoires*.

Voyons maintenant quel bénéfice résultera de tout ceci, pour la masse des travailleurs et même des individus sans profession, qui ne trouvent pas un emploi constant et régulier de leur force musculaire, de leur activité.

N'est-il pas vrai que la concurrence des bras entre eux, cause de l'abaissement des salaires, disparaîtrait bientôt si l'on donnait aux hommes intelligents la possibilité de s'affranchir et le droit de sortir de la classe manouvrière, pour entrer dans celle des inventeurs, des fabricants, des marchands ou des propriétaires, en leur garantissant la possession des fruits de leur génie, de leur talent, de leur adresse et de leur probité ?

Or, cette garantie donnée au travail, augmentant considérablement la production manufacturière et les transactions commerciales, nécessiterait bientôt le concours de tous les bras disponibles, y compris ceux des femmes, des enfants, des vieillards.

C'est assez dire que tout le monde trouverait du travail, si le travail était, non pas encouragé, mais seulement protégé par la loi. *Le travail est le fonds qui manque le moins.*

Mais ce qui manque au travail, c'est la sécurité, c'est la certitude qu'on ne verra pas son industrie, montée sur un petit capital, écrasée par un capital plus fort.

Soyez persuadés, que si cette garantie existait, il ne resterait plus une seule intelligence en jachère, plus un seul bras inoccupé, dans les mêmes contrées où il n'y a pas cinq individus sur cent qui remplissent complétement leur journée, pas dix sur cent qui travaillent un demi-jour, et pas vingt sur cent qui fassent le quart de ce qu'ils pourraient faire.

En résumé, posez le grand principe : *Chacun doit être propriétaire et responsable de ses œuvres,* et par suite proportionnellement et inégalement rémunéré, et traduisez-le en lois :

Faites que les mille et une inventions de l'industrie deviennent *la chose* de ceux qui les font.

Faites que la clientèle et l'achalandage puissent rester la propriété de ceux qui les forment.

Faites qu'un livre, qu'un tableau, qu'un opéra, qu'une recette, qu'une méthode, appartiennent à ceux qui les conçoivent, qu'ils puissent leur donner une forme ou une valeur commerciale ou marchande quelconque.

Permettez enfin à ceux qui défrichent l'un ou l'autre coin des jachères commerciales de s'enclore chacun chez soi et de travailler chacun pour soi.

L'oisiveté n'aura plus d'excuse. Tous les hommes capables auront acquis le droit et la possibilité de s'asseoir au festin de la vie.

N'hésitez pas à créer des milliers et des millions de monopoles de l'espèce de ceux que nous indiquons. Ceux-là ne sont pas plus dangereux que les monopoles de la propriété foncière, parce qu'ils n'empêchent pas plus le voisin de faire une meilleure invention, que vous ne pouvez l'empêcher de bâtir une maison plus belle ou plus commode que la vôtre. Les anciens priviléges acquis à prix d'argent pétrifiaient l'industrie, étouffaient le génie des recherches et s'opposaient à tout progrès; les nouveaux n'exciteront qu'une noble et incessante émulation entre les travailleurs.

Il faut tâcher, par tous les moyens possibles, de concilier *l'ordre avec la liberté;* mais on n'y saurait parvenir qu'à l'aide de lois et règlements, destinés à assurer à chaque citoyen la jouissance des *droits communs.*

Il ne faut pas permettre une lutte inique contre le génie, le talent et la probité: la société doit empêcher que le plus riche écrase le plus savant et le dépouille d'une propriété intellectuelle qu'il a créée.

CHAPITRE X.

DES MOYENS DE CONCURRENCE.

Maintenant que nous avons passé en revue les divers monopoles que l'intérêt privé tendait à constituer par son activité ou obtenait d'un privilége conféré par la société, nous sommes en mesure d'apprécier la concurrence, d'évaluer jusqu'à quel point sont fondés les reproches qu'on lui adresse et qui le plus souvent s'appliquent en réalité à des monopoles injustes qui gênent la véritable liberté. Puisque en supposant réalisées les améliorations que nous avons indiquées, le producteur ne se trouverait plus face à face avec des monopoles écrasants et inabordables, qu'il serait secondé, au contraire, par sa part de jouissance des monopoles communs que l'État exploite au profit de tous, il n'aurait à s'en prendre qu'à lui-même de ne pas arriver par la libre concurrence au monopole sur lequel repose la civilisation tout entière, le but à conquérir par tous les travaux, la propriété. Pour cela deux conditions sont indispensables: la capacité, le développement intellectuel, et la disposition facilement abordable des instruments de travail. Le plus grand devoir de la société, en même temps que son plus grand intérêt, est donc de faire naître et développer la capacité ; c'est par l'éducation, les moyens d'instruction, qu'elle peut le faire. Quant à la répartition la plus large des instruments de travail, c'est par le crédit qu'elle peut y parvenir. Études donc ces deux grandes questions : *L'instruction — le crédit.*

De l'instruction publique.

Nous ne voulons pas traiter incidemment ici la vaste question de l'*instruction publique*. Développer l'intelligence de tous les citoyens, leur apprendre leurs droits, leurs devoirs envers la patrie, les rendre aptes à la bien servir, ce sont là les premiers services qu'un gouvernement peut rendre à ses administrés ; et certainement celui fondé sur la souveraineté toujours présente du peuple n'y faillira pas. *Mais cette instruction générale*, gratuite pour tous, l'instruction primaire enfin, malgré l'extension qu'on peut espérer lui donner par l'amélioration des méthodes, ne peut pas atteindre d'autre but que de fixer les idées, le raisonnement des enfants, de leur faire sentir la voie dans laquelle ils pourront se développer, de leur faire entrevoir la lumière vers laquelle ils tendront par leur développement futur. Au point de vue de la faculté productive de l'individu, de son aptitude à créer des richesses, cette instruction n'est qu'une pierre de fondation sur laquelle doit s'élever l'édifice de l'enseignement spécial et professionnel.

Cette question exigerait un livre tout entier pour être convenablement traitée. Nous ne pouvons nous y arrêter longtemps dans cette revue d'institutions purement économiques, nous allons cependant tenter d'en indiquer toute l'importance.

Qu'est-ce qui fait la valeur du produit créé par le travail du producteur? C'est la quantité d'utilité qui en résulte, si on peut s'exprimer ainsi ; ce n'est pas seulement l'effort, la fatigue qu'a éprouvés le travailleur. Qu'il passe une journée à s'efforcer de soulever une pierre énorme sans pouvoir y parvenir, il se sera énormément fatigué sans produire aucune utilité, le résultat de son travail sera zéro. Considérons au contraire un autre travailleur qui emploie les engins les plus convenables, coupe son travail par des alternatives de repos, entretient ses forces par une nourriture substantielle, vous le verrez accomplir un transport énorme, produire le maximum d'utilité possible. Sans entrer ici dans la question de rétribution que la société ne doit évidemment pas égale à ces deux ouvriers qui lui ont rendu des services inégaux, il est évident que le but de l'instruction doit être d'amener le travail des citoyens à être le plus fructueux possible par suite de l'habileté professionnelle, de l'emploi judicieux des procédés les plus parfaits, des meilleurs tours de main, pour atteindre le but le plus simplement et le plus sûrement. C'est en général par l'apprentissage que l'ouvrier apprend son état ; mais privé le plus souvent de conseils, ne parvenant à apprendre les méthodes de travail que par un esprit d'imitation naturel à l'enfance, il lui faut une intelligence très-grande pour parvenir à distinguer les meilleures méthodes de travail, et presque du génie pour réinventer des pratiques qu'il n'a pas vu employer sous ses yeux.

Ce travail serait bien simplifié, bien plus profitable, si l'ouvrier était initié aux principes des sciences dont sa pratique de chaque jour est une application. C'est ce qu'on obtiendra par des écoles professionnelles pouvant être ouvertes à un grand nombre de jeunes gens, et surtout par des cours du soir et du dimanche où l'apprenti vient comprendre la raison du mode de travail qu'il a appliqué dans le jour; où il apprend une méthode, une théorie, qu'il pratiquera le lendemain et qui lui restera par suite gravée dans la mémoire jusqu'à la fin de ses jours. C'est ainsi qu'il avancera dans la bonne voie, c'est-à-dire travaillera à devenir excellent ouvrier, et sans jalousie misérable sera poussé par une noble ambition, tendra à s'élever régulièrement, à devenir contre-maître, puis maître à son tour, à réussir à force d'intelligence et de travail.

C'est en Allemagne qu'il faut aller surtout étudier les modèles de ces institutions. En Würtemberg notamment chaque petite ville a son école où tous les enfants apprennent le dessin, les éléments de la physique, de la mécanique, etc., c'est-à-dire non-seulement se forment le raisonnement, cultivent leur intelligence, mais encore apprennent les éléments de sciences qui leur seront des instruments directs de production, leur appartenant entièrement et leur constituant un véritable capital personnel.

C'est en développant l'instruction professionnelle dont il n'existe encore que des rudiments imparfaits qu'un gouvernement populaire développera ce capital au grand profit de tous, car il engendrera un accroissement de production et de richesse dont tous profiteront, si ce n'est peut-être quelques paresseux que ne pourra faire sortir de leur torpeur l'exemple du succès de leurs camarades.

L'Université en fondant ses écoles primaires supérieures a satisfait à quelques-unes des conditions à remplir et rendu un véritable service, mais plutôt en créant des colléges scientifiques que des écoles professionnelles qui sont à fonder presque partout. Ce sont surtout les municipalités qui doivent diriger de semblables institutions, naturellement de manière à aider le développement des industries qui prédominent dans la ville. C'est ce que n'a peut-être pas assez apprécié la ville de Paris quand elle a arrêté le programme de ses écoles primaires supérieures, ce que fait comprendre facilement la multiplicité des industries qui s'exercent dans la capitale.

Comme les arts de la forme, la gravure, le moulage, etc., y prennent une part importante, les écoles qui rendent le plus de services, sont sans contredit les écoles de dessin et notamment celle de la rue de l'École-de-Médecine dont la fondation est déjà fort ancienne. Il n'est pas un apprenti graveur, sculpteur, etc., habitant les quartiers de la rive gauche, qui ne vienne le soir suivre, et pendant plusieurs années, des cours gratuits sous la surveillance d'excellents maîtres. C'est avec de semblables institutions que s'élève le niveau des arts, que se révèlent les véritables vocations, les talents qui autrement fussent restés enfouis.

C'est ce qu'indique bien évidemment la plus excellente création de ce genre, nous voulons parler de l'école de la Martinière, fondée dans la ville de Lyon par le pieux legs de deux de ses enfants, le major général Martin, et M. Eynard; qui a donné d'admirables résultats dus et à l'intelligente générosité de ces deux grands citoyens, et aux lumières des directeurs qui ont mis en activité, une admirable méthode d'enseignement et un excellent plan d'études et d'éducation.

Comme on le pense bien, c'est en vue de la belle industrie des soieries qu'est combiné l'enseignement dans cette école.

Des enfants élevés près d'un métier à la Jacquart, y acquièrent souvent avec une prodigieuse rapidité la connaissance des artifices les plus compliqués du tissage, font preuve d'un goût infini pour marier les couleurs, faire ressortir les nuances, s'élèvent à une habileté dans le dessin d'ornement vraiment surprenante.

Aussi est-ce à l'école de la Martinière que les fabricants vont chercher leurs dessinateurs, leurs employés dont la collaboration fera sûrement la prospérité de leur maison, qui bientôt deviendra celle de l'associé, de l'ancien élève de l'école publique. C'est ainsi que se recrute l'industrie lyonnaise, et qu'on trouve à sa tête des gens qui n'ont commencé qu'avec leur capital intellectuel, singulièrement accru par l'instruction; c'est par l'habileté générale de tous ceux qui y coopèrent, que notre belle industrie des soieries reste toujours à un niveau que les étrangers essayent en vain d'atteindre.

On comprend combien nous semble désirable le développement de semblables institutions, qui nous paraîtraient devoir se rapporter à deux types principaux d'écoles :

1° Celles qui auraient pour modèles les écoles la Martinière et Saint-Pierre, de Lyon. Ce seraient surtout, avant tout, des écoles du dessin en tout genre auxquelles seraient réunis des cours de tissage, montage de métiers, gravure, moulage, etc. Toutes les industries où le goût est en jeu relèveraient de ces écoles.

2° Celles destinées aux mécaniciens, horlogers, ouvriers en fer et en bois, dans lesquelles l'enseignement comprendrait surtout le tracé, les machines, la physique expérimentale, et serait aidé par de nombreux modèles.

Toutes les grandes villes devraient avoir des institutions

semblables, dirigées dans le but d'assurer la prospérité des industries locales. Des écoles moins complètes existeraient dans nos moindres cités, et jusque dans nos campagnes un champ cultivé par les élèves de l'école primaire permettrait de leur faire apprécier les bonnes méthodes de culture, de fixer dans leur esprit des connaissances positives et de la plus grande utilité pour tout cultivateur.

La pratique montre bien, dit avec raison la Société d'Encouragement, les résultats déjà obtenus, malgré ce qu'ont d'incomplet et d'imparfait l'instruction et l'éducation des ouvriers (quant à l'enseignement qui se puise dans les écoles, car bien des esprits ingénieux poussent fort loin, par la pratique, leur savoir professionnel). Dans le même atelier où le simple manouvrier gagnera au plus 2 fr. par jour, l'ouvrier d'art obtiendra 3, 4, 6, 8 et 10 fr., et dans la partie supérieure de certaines professions jusqu'à 15 et 20 fr. par jour.

Nous ne parlerons pas ici des institutions destinées au haut enseignement industriel, qui doivent être le couronnement de l'édifice. Former des ingénieurs capables de diriger tous les travaux, c'est là le but de notre École Polytechnique, cette belle fondation de la première révolution, dont la porte n'est ouverte qu'aux plus méritants ; vulgariser les derniers progrès scientifiques dans toutes les directions en les traduisant sous forme pratique, c'est la mission du haut enseignement industriel du Conservatoire des Arts et Métiers de Paris. Chaque industriel éminent doit pouvoir y suivre des cours publics qui le mettent au courant des derniers progrès accomplis, en ne dérobant aux affaires que le temps nécessaire pour écouter une leçon, visiter des modèles.

Les lacunes qui existent encore seront comblées, nous n'en doutons pas, et la tête de l'enseignement industriel formée par l'École Polytechnique, des Ponts et Chaussées, des Mines, des Arts et Manufactures, des Beaux-Arts, le Conservatoire des Arts et Métiers, etc., sera de plus en plus une des gloires les plus incontestées de notre pays. C'est la base qu'il importe surtout d'élargir, en propageant le mouvement imprimé dans ces derniers temps et réalisant complétement ce beau programme : Faire que tout travailleur trouve la possibilité de s'instruire et d'acquérir les connaissances qui pourront lui former un capital intellectuel, pouvant assurer le succès des intelligences d'élite, et accroître dans des proportions énormes, l'habileté, la puissance productive de la masse de la nation.

CHAPITRE XI.

DU CRÉDIT.

Les capitaux sont la base fondamentale de l'action industrielle ; ce sont eux qui sous forme de machines, d'outils, de salaires, etc., font naître le produit : rien ne doit gêner leur mouvement, tout doit être disposé au contraire pour aider leur emploi et favoriser leur création. Il ne faut pas aller toutefois jusqu'à leur subordonner la société tout entière, comme le fait l'école économique moderne ; on ne doit jamais oublier que le capital ne fructifie pas par lui-même, que le travail seul crée la richesse.

La capital se multipliant par les intérêts qu'il rapporte, il est évident qu'il finirait nécessairement par dévorer tous les fruits du travail, si celui-ci lui était entièrement subordonné, et qu'il ne tarderait pas à régner souverainement.

L'influence du capital doit cesser d'être prépondérante ; sa domination sur le travail, vrai créateur de la richesse, cesser d'être absolue ; les deux éléments de la production doivent traiter d'égal à égal. Il faut enfin que le capitaliste vienne au-devant de la capacité et du travail pour prendre part aux produits créés, mais non pour les absorber.

C'est dans la disposition des instruments de production en raison de la capacité et de la moralité que réside la véritable organisation de la liberté ; chacun n'a qu'à s'en prendre à lui-même du niveau auquel il s'arrête, si la société lui a fourni les moyens de s'élever aussi haut que le comportait son mérite.

Quel est le moyen d'atteindre ce grand résultat, cette réalisation pratique, matérielle, de la liberté? C'est le crédit.

La puissance du capital, qui a été le moyen d'émancipation des classes bourgeoises, qui sont du peuple et sortent, chaque jour, de son sein par l'accession à la propriété, doit servir à l'élévation générale de tous, être à la disposition de toute capacité ; c'est ce que produira la diffusion du crédit.

Le seul pays où l'on ait véritablement atteint le but de mettre par le crédit les capitaux à la disposition de toute capacité capable de les faire fructifier, c'est l'Amérique du Nord. Aussi a-t-on vu ce pays réaliser en peu d'années un progrès inouï, défricher un territoire immense, le sillonner de chemins de fer et de canaux, élever une foule de manufactures, couvrir la mer de vaisseaux, etc.

Certes le but y a été quelquefois dépassé, et la banqueroute est venue prouver qu'on avait souvent abusé du crédit, et cela presque toujours lorsqu'on en a fait un instrument d'agiotage au lieu d'un moyen d'engendrer du travail ; mais malgré ces ombres au tableau il faut reconnaître dans le crédit, ce que sait bien tout producteur, le principal élément de la prospérité industrielle, qui bien manié assurera la richesse du pays.

Nous diviserons en deux parties les établissements de crédit : 1° Ceux qui ont pour modèle la banque de France, sont les régulateurs du crédit, assurent la circulation et font l'escompte du papier de commerce correspondant à des valeurs créées. 2° Ceux qui se rapprocheraient davantage des banques américaines et qui auraient pour objet de commanditer le travail.

Banques d'escompte.

Chacun sait que le commerçant détenteur d'une matière première, le fabricant qui crée un produit, le livrent en général, soit le commerçant au fabricant, soit celui-ci au marchand, contre un billet, un signe-valeur payable à une certaine époque. Ce papier n'est qu'une promesse de payement pour celui à l'ordre duquel il a été créé tant qu'il demeure *entre ses mains*, et il semble qu'il ne peut disposer de la somme qui y est relatée que le jour de l'échéance. C'est en effet ce qui aurait lieu sans l'intervention des banquiers et des banques d'escompte.

Mais si la banque me donne en échange de ce billet que je lui remets, un autre billet, un autre signe-valeur, je pourrai me servir de ce signe comme d'argent vis-à-vis de toutes les personnes qui auront confiance dans l'engagement de la banque, dans le remboursement toujours possible de ses billets.

Dans ce système donc, toute marchandise *une fois vendue* se trouve représentée par un signe-valeur qui a toutes les propriétés de la monnaie et peut immédiatement être de nouveau utilisé pour la fabrication de nouveaux produits.

Cette création croît donc avec la rapidité et la sûreté de la circulation que produisent les banques ; les billets qu'elles émettent se trouvent accroître considérablement le capital circulant non immobilisé ; et l'accroissement de ce capital vient exciter puissamment à la création de la richesse.

La fonction que les banques ont à remplir exige comme condition essentielle que les signes-valeurs qu'elles émettent soient assimilables à la monnaie métallique, c'est-à-dire admis sans discussion par tout le monde. Or cela ne peut avoir lieu qu'autant qu'elles opèrent suivant des règles déterminées, en restant astreintes à certaines restrictions, à certaine surveillance, c'est-à-dire que l'État doit intervenir dans la gestion de ces établissements. On sait combien le sort de la banque, de l'établissement régulateur suprême de la circulation et du crédit en France, est lié intimement à celui de l'État : c'est ce qu'ont amplement démontré les derniers événements, quand une panique qui faisait rechercher le remboursement des billets a forcé le gouvernement à leur donner cours forcé, et en a suspendu l'échange contre espèces. Le rôle des banques a été nettement établi par cette dangereuse expérience, car les billets de la banque de France, non remboursables en espèces dans ses bureaux, sont admis sans difficulté entre particuliers, ou s'échangent contre écus pour un prix minime parce qu'on sait que ces billets représentent des valeurs réelles représentées elles-mêmes par les billets escomptés. Le commerçant qui a accepté le billet de banque contre du papier représentatif d'une valeur, a donc contribué pour sa part à créer la confiance résultant de la mutualité établie entre tous ceux dont les signes-valeurs remplissent le portefeuille de la banque.

Le capital de celle-ci, son exploitation comme société privée dans le but d'enrichir une société d'actionnaires, est donc un non-sens ; c'est la mutualité, c'est le concours des ressources de tous, qui fait sa force.

Replaçons-nous par la pensée dans un temps de calme, analogue à celui qui a précédé la révolution, ou mieux encore semblable à celui que nous espérons voir naître bientôt au sein de notre pays, livré tout entier au labeur de la production ; et il paraîtra évident que de l'État seul devra directement partir l'impulsion qui activera la circulation par l'extension du crédit, et le fera croître dans des proportions considérables tout en le maintenant sur des bases inébranlables.

Voici en quelques lignes, comment il nous paraîtrait possible d'atteindre sans danger un développement immense de crédit, en partant du principe qu'à l'État seul appartient le droit d'émettre du papier de crédit, comme de battre monnaie, et d'exercer un contrôle sur les émissions de billets pour assurer d'une manière inébranlable la grande circulation de valeurs sur laquelle repose la richesse publique.

Une caisse dite de crédit public serait chargée de l'émission des billets, les seuls que l'État admettrait dans ses caisses, les seuls auxquels il donnerait cours forcé dans le cas où des sinistres impossibles à prévoir, une guerre, etc., rendraient l'échange à vue en espèces impossible, à cause du grand nombre des demandes.

Surveillée par des commissions nommées par le pouvoir législatif, échappant comme la caisse des dépôts et consignations à l'action directe du pouvoir exécutif, cette institution, dont les opérations seraient soumises à une publicité fréquente, obtiendrait toute la confiance qu'elle mériterait réellement, et ses billets conserveraient toujours leur valeur tant qu'ils ne seraient employés que dans les conditions imposées à leur création.

Ainsi constituée la caisse du crédit public accorderait en prêt à un taux minime (1 ou 2 p. cent par exemple), à toute association de citoyens réunissant la propriété justifiée d'une somme importante en espèces, comme la société de la banque de France, le triple de cette somme en billets de la caisse, garantis par l'État. Le capital circulant serait ainsi triplé ; les associations, qui ne pourraient se livrer qu'à des opérations d'une nature parfaitement déterminée sous la surveillance d'un commissaire de la caisse, se multiplieraient, et la séparation serait nettement établie entre le privilége qui consiste à battre monnaie avec du papier et la spéculation qui repose sur l'escompte.

Dans une semblable organisation, les banquiers, capitalistes de tout genre, bientôt associés, pourraient facilement escompter le bon papier de commerce à deux signatures à 3 p. cent l'an et à de longs termes, ce qui dans les temps les plus prospères coûte à Paris de 6 à 12 p. cent. Bientôt le papier manquant, il leur faudrait encourager la production, la naissance même de ce papier qu'ils voudraient obtenir. Mais ceci se rapporte à un autre ordre d'idées auquel nous allons revenir. Terminons ce qui se rapporte à l'organisation de la caisse centrale de crédit.

Supposons que l'émission des billets confiés à des entreprises offrant des garanties plus que suffisantes sous tous les rapports, se soit élevée à un milliard. La caisse touchera donc 10 ou 20 millions d'intérêt servant à parer aux sinistres qu'on n'aura pu éviter sur les 666 millions qui auront été avancés en billets. Il est clair que l'intérêt serait fixé à un taux tel que cela pût avoir lieu sans sacrifice de la part de l'État, mais aussi sans profit; la prospérité de l'industrie consolidée par le bas prix des capitaux lui assurant bien d'autres sources de revenus.

L'État faisant passer par la caisse tous les produits de l'impôt (approchant aujourd'hui de 1500 millions rentrant régulièrement chaque année, base admirable d'un immense crédit), recevrait en échange une avance en billets qui remplaceraient les bons du trésor.

Pour éviter tous dangers et profiter de l'expérience acquise par un certain nombre de financiers distingués, pour profiter même de l'appui que recevrait le crédit de l'État, par la certitude de l'indépendance de la commission d'émission, tout en respectant des droits acquis, il faudrait convertir la banque de France en cette caisse du crédit public. En lui accordant le droit de 1 ou 2 p. cent par an sur les billets qu'elle remettrait aux autres banques, après que le comité en aurait approuvé les statuts dont des commissaires surveilleraient l'exécution, elle accepterait volontiers la mission de donner au crédit public cette grande extension, tout en conservant les grandes négociations qui auraient toujours lieu par son intermédiaire; car les banques privées auraient toujours recours à elle après avoir engagé dans des affaires lentement réalisables, leur capital en billets.

Les échanges des billets contre espèces seraient obligatoires à la banque centrale et dans des comptoirs convenablement choisis, répartis sur divers points du territoire, dans toutes les villes importantes, et notamment dans les principaux ports de mer, pour les soldes avec l'étranger. Les percepteurs et receveurs des finances seraient autorisés sous leur responsabilité propre, en profitant d'un faible droit de change, à faire l'échange des billets. Cela suffirait pour établir d'une manière parfaitement assurée, la circulation des billets sur toute la surface de la France.

Nous pensons que ce n'est qu'à l'aide d'un semblable système que l'on peut concilier les deux termes du problème : Éviter les perturbations qui peuvent résulter de l'altération de la confiance publique dans le signe-valeur sur lequel repose toute la circulation ; donner au crédit par l'intervention de l'intérêt et de l'intelligence individuelle, toute l'extension nécessaire au succès de toute entreprise utile. Ces principes sont précisément ceux que sir Robert Peel, si bon juge en matière de banque, a appliqués récemment à la constitution de la banque d'Angleterre. On sait que d'après la nouvelle Charte, cette banque, toujours caissière générale du trésor, se trouve régie par deux commissions, l'une chargée de l'émission des billets dans laquelle intervient l'État, qui ne permet l'émission que dans des limites déterminées, l'autre d'escompte qui représente surtout l'ancienne banque, qui tend à réaliser des bénéfices pour les actionnaires de l'entreprise privée, à l'aide des billets qu'elle reçoit du bureau d'émission.

C'est un phénomène bien remarquable que ce soit en Angleterre, dans le pays le moins centralisé, que le Gouvernement intervienne le plus directement dans la question de circulation. C'est que dans une société industrielle, comme la société moderne, c'est là l'œuvre capitale, essentielle de tout gouvernement, bien plus que la réglementation de tous autres intérêts, que l'organisation des forces militaires qui ne servent qu'à un jour donné, et sont, il faut l'espérer, une tradition du temps passé.

Comptoir national d'escompte.

La crise terrible que le commerce de Paris vient de traverser dans ces derniers mois fournit de curieux enseignements sur la valeur réelle des institutions de crédit. Les grands établissements tels que les caisses Gouin et Ganneron, les banquiers qui étaient les intermédiaires entre le commerce et la banque de France (qui n'acceptant que le papier à trois signatures exige un intermédiaire entre elle et le vendeur d'un produit) se sont trouvés compromis et forcés de suspendre leurs opérations par suite des demandes immédiates de remboursement des comptes courants, billets à vue, etc. Tout le commerce nanti d'effets en portefeuille, de valeurs excellentes mais non utilisables vu l'arrêt subit de la circulation, était menacé d'une suspension absolue. Quel a été le remède indiqué par la circonstance? De recréer un établissement analogue à ceux qui venaient de disparaître, c'est-à-dire pouvant prendre à l'escompte tout le bon papier à deux signatures, et le convertir en billets de banque par la négociation à la banque de France après l'avoir garanti par un endos. C'est dans ce but qu'a été fondé le Comptoir national d'escompte, création due aux efforts du commerce de Paris, parfaitement secondé, avec une grande intelligence des besoins de la situation, par M. Garnier-Pagès, ministre des finances, MM. Pagnerre et Biesta, délégué et sous-délégué du Gouvernement près le Comptoir d'escompte.

Voici en quels termes le commerce était appelé à concourir à la fondation du Comptoir.

Extrait de la circulaire de M. le Directeur du Comptoir national d'escompte.

Paris, le 12 mars 1848.

« Monsieur,

« Par suite de la crise financière qui pèse sur le commerce depuis dix-huit mois, un trouble considérable existe dans le crédit privé.

« Le Gouvernement provisoire, convaincu de la puissance et de la fécondité de l'esprit d'association, surtout en matière financière et commerciale, vient, par arrêtés des 7 et 8 mars, de créer à Paris un Comptoir national d'escompte, au capital de vingt millions, destiné à donner et étendre les moyens de crédit au commerce et à l'industrie. Ce capital sera formé :

1/3 par les actionnaires, en espèces ;
1/3 par l'État, en bons du trésor ;
1/3 par la ville de Paris, en obligations.

« L'État et la ville de Paris, n'entendant tirer aucun bénéfice de leur concours, abandonnent aux actionnaires tous les bénéfices qui devront résulter des opérations du Comptoir. Néanmoins, l'État et la ville consentent, le cas échéant, à prendre leur part proportionnelle d'un tiers chacun dans les pertes qui pourraient survenir.

« L'ouverture du Comptoir national d'escompte est une impérieuse nécessité. Nous nous adressons donc à votre patriotisme éclairé, et nous comptons fermement sur l'appui de votre souscription. C'est une œuvre de salut public et d'intérêt général, à laquelle vous vous associerez certainement.

« Nous avons l'honneur de vous saluer avec une parfaite considération.

« *Le Directeur du Comptoir national d'escompte.*

Si maintenant on se reporte au moment critique où le Comptoir a été fondé, on se rappellera : que le commerce ne pouvait parvenir à verser les six millions espèces qui lui étaient demandés ; que l'État ajournait le payement des bons du trésor ; que la ville ne savait pas si elle conserverait l'octroi, si par suite elle aurait longtemps des revenus pour solder des obligations contractées assez irrégulièrement.

Comme entreprise privée le Comptoir pouvait donc difficilement marcher. Comment se fait-il cependant que ce soit le seul établissement de crédit qui fonctionne aujourd'hui, et, dans notre opinion, qu'il doive devenir une bonne affaire? C'est sans doute parce que le ministre des finances qui donnait cours forcé aux billets de la banque, exerçait sur cet établissement une pression suffisante pour assurer la négociation des effets pris par le comptoir, négociation qui seule permettait de trouver les capitaux nécessaires au payement des billets à ordre, qui remplissaient le portefeuille de la banque. Mais ce qui a assuré, avant tout, le succès et le grand avenir de cet établissement, c'est qu'il est fondé sur un principe vrai et fécond, la mutualité. Sa création a parfaitement fait comprendre ce qu'étaient les banquiers dans un ordre régulier : à savoir les caissiers des producteurs, et les assureurs des affaires. L'escompte est avant tout une prime d'assurances ; mais, en fait d'assurances, il n'y a de vrai et d'économique que la mutualité. Tandis que le non-versement du fonds social paraissait une cause d'insuccès, il fournissait au contraire le seul moyen d'éviter tous les abus d'une exploitation faite à un point de vue différent de l'intérêt général. La retenue de 5 p. 100 (voir aux notes les statuts du sous-comptoir, établi d'après le même système), faite sur le net des bordereaux, convertie en actions du comptoir, est un fonds de mutualité, qui d'abord très-fort pour constituer un fonds de réserve, doit s'amoindrir et devenir un jour très-minime. Si l'on administre dans le seul but de créer un établissement qui, par l'extension de la mutualité, l'absence d'intérêts différents de ceux des personnes qui escomptent, répande les avantages du crédit et développe l'accroissement de la production, on aura réalisé une fondation durable et très-utile.

Pour un établissement ainsi administré, sous le contrôle direct de l'État, la prime de 4 p. 100 payée à un autre établissement tenant de l'État privilége d'émettre des billets ayant cours forcé, est évidemment trop élevée. Nous sommes persuadé que des conditions spéciales seront faites un jour à la vaste association que représentera le comptoir si elle se développe comme nous en avons la ferme espérance, lorsque sous l'influence de besoins nouveaux le mode d'agir de la banque de France viendra à se modifier.

En effet, il y a évidemment ici double emploi. Sur l'échelle qu'il tend à prendre, le comptoir se trouve en quelque sorte la banque même : deux frais, deux commissions sont inutiles, et le privilége de l'émission du papier-monnaie ne devrait pas coûter cher à une aussi vaste mutualité. Il se trouve là deux établissements publics agissant trop près l'un de l'autre pour ne pas tendre à une fusion, ou plutôt à une division complète d'attributions. L'escompte du papier de commerce doit se concentrer dans les comptoirs d'escompte, et la banque ou caisse de crédit public doit leur fournir des billets en raison de leurs opérations, à une commission minime, eu égard à ce que les pertes y sont impossibles.

Nous ne parlerons pas ici des remèdes à la crise financière proposés par beaucoup de personnes, qui toutes parlaient de bons fonciers, de gages hypothécaires, basés sur la propriété. Nous ne pouvons dans cette revue rapide insister sur ce qu'avait d'illusoire un système qui fournissait des signes-valeurs aux propriétaires qui n'en avaient que faire, tandis que c'étaient les producteurs qui en avaient besoin ; sur tout ce qu'avait d'irréalisable et par suite d'illusoire, d'inique, et, Dieu merci ! d'impossible, un système qui imposait la propriété malgré les propriétaires.

Mais ces projets, faux dans l'application, n'ont séduit tant de personnes que parce qu'elles entrevoyaient une idée juste. Nous voulons parler du système de lettres de gage de la Prusse et de la Pologne, où les propriétaires d'une province réunis et solidaires entre eux émettent des titres, suivant certaines règles, et avec certaines vérifications, dont l'État garantit l'intérêt, et qu'il escompte dans ses banques. Là est la solution des difficultés du système hypothécaire, là se trouvera l'arrêt de l'envahissement de la propriété foncière par le capital prêté à gros intérêts. Nous ne voulons pas insister ici sur des considérations étrangères à notre sujet, et renvoyons pour l'étude de ce système aux savants auteurs qui l'ont développé; ce que nous voulons seulement constater, c'est que le plus éminent service qui pourra être rendu à la classe agricole, au petit propriétaire qui est la force et la puissance du pays, sera obtenu par le même moyen qui assurera la richesse de l'industrie, la combinaison de sérieuses associations, d'excellentes mutualités contractées entre des intérêts privés, et par l'intervention de l'État, de l'association qui est la nation entière pour cautionner ces valeurs et les convertir en signes-valeurs jouissant de toutes les propriétés de la monnaie; comment en faisant par la mutualité disparaître en risques, la propriété n'aura plus à payer au capital qu'une prime minime, décroissante en raison de la richesse générale du pays.

Banques de crédit.

Lorsqu'un fabricant a besoin d'une matière première, lorsqu'il a du *crédit*, lorsque sa fortune, son habileté, sa moralité, etc., une cause quelconque enfin inspire confiance au marchand, c'est contre son billet, son règlement, que la marchandise lui est livrée. Dans cette opération le marchand est le commanditaire du fabricant, pour un délai déterminé, un terme fixe. Si celui-ci trouvait de même une commandite pour les salaires qu'il doit payer afin de créer la valeur qui lui permettra le remboursement de l'avance qui lui est faite, il est clair que la production ne serait plus limitée par le capital que possède le fabricant, mais par les besoins de la consommation, besoins immenses, illimités pour ainsi dire par comparaison avec ceux des périodes que nous venons de traverser, lorsque le consommateur pourra toujours les satisfaire en ayant le moyen de produire des valeurs qu'il pourra donner en échange.

Il nous faut nous arrêter un instant ici pour bien établir la plus importante question de l'organisation du travail, ou plutôt de l'organisation du crédit relativement au travail.

Quand une crise met sur le pavé des milliers d'ouvriers qui meurent de faim, c'est que les magasins sont encombrés de marchandises et ne trouvent pas d'acheteurs. Mais si les acheteurs manquent, les consommateurs ne manquent évidemment pas, car ces ouvriers qui meurent de faim ne demandent qu'à consommer comme à produire, et ils ne peuvent faire ni l'un ni l'autre. Leur travail perdu eût précisément engendré la valeur qui eût payé leur consommation, si c'était la consommation de tous et non pas seulement celle des acheteurs pouvant payer, possédant le capital antérieur à la production, qui eût limité celle-ci.

Là est le grand problème à résoudre, celui qu'ont récemment pressenti les hommes les plus avancés, et dont la solution sous le nom d'Union de crédit, de banque d'échange, etc., a tenté de se formuler trop vaguement jusqu'ici. C'est la même idée que nous avons indiquée en parlant des moyens qui eussent pu être employés pour l'exécution des *chemins de fer*, et nous serions heureux de la rendre claire pour tous les esprits. Nous tenterons de la préciser par un exemple. Lorsqu'une colonne de hardis pionniers américains s'avance pour défricher un territoire nouveau, la première construction qui s'élève c'est la banque, qui prend le nom qu'on vient d'assigner à la nouvelle patrie des émigrants. Bientôt les billets de cette banque parviennent sur les marchés de l'intérieur et sont offerts en payement du fer, des matériaux et denrées de tout genre nécessaires à la colonisation. Le plus souvent ils sont acceptés et avec raison. Car si aujourd'hui ils ne représentent rien ; d'après la situation des cultures, d'après l'expérience et l'énergie des colons, d'après enfin l'exemple de mille succès dans des cas semblables, il est certain qu'ils représenteront dans quelques mois de nombreuses constructions, des champs fertiles, de productives cultures de cotonniers, etc. Comment refuserait-on crédit à des richesses aussi certaines, bientôt aussi réelles?

Mais là est toute la solution du problème. Comment le travail manquerait-il dans un pays où le moyen de production est toujours offert, lorsque chacun peut toujours créer la valeur qui doit payer sa consommation ?

L'objection qu'on nous fera sûrement, c'est que l'encombrement des produits manufacturés ne cessera pas par cela seul qu'on continuera de produire, cela est évident ; si c'est le capital qui produit seul, le mal ne fera que croître, mais non si c'est le travail.

En effet, dans une manufacture où tout est produit par machines, sans intervention du travail de l'homme, l'accroissement de production n'a nul effet sur la consommation, ou au moins ne fournit moyen d'acquérir qu'au capitaliste. Le prix de la fabrication n'est plus qu'une rente du capital, et ne profite qu'à une seule personne.

Si au contraire la fabrication n'est que du travail manuel,

si l'on considère une société qui n'aurait pas de machines, qui ressemblerait à une famille vivant dans une île sauvage, à une société rudimentaire dans laquelle l'un ferait le pain, l'autre les habits, etc., dans laquelle la division du travail ne servirait qu'à éviter à chacun de produire tout ce qui est nécessaire à la vie; il n'y aurait jamais d'excédant, chacun trouvant rigoureusement la valeur de sa journée, c'est-à-dire ce qui est nécessaire à son existence pour prix de son travail; le besoin de la consommation précédant toujours la production incessamment demandée, plus il produira, plus il consommera.

Cela fait comprendre le rôle du capital et des machines, dans la société civilisée. On voit comment plus le capital se subordonne au travail, plus il est rare qu'il fonctionne seul (ce qui ne peut jamais avoir lieu d'une manière absolue, et aura d'autant moins lieu qu'une industrie sera sous forme démocratique, que la possession des instruments de travail sera répartie en un plus grand nombre de mains, que l'industrie ne prendra pas la forme anglaise; car ce n'est pas le capital qui produit le mal, c'est sa concentration), plus il sera vrai de dire que les crises seront d'autant moins possibles que chacun pourra le plus facilement créer des valeurs, en proportion d'autant plus grande que le travail de chacun sera mieux secondé par des machines, ce qui permettra à la production de chacun de s'accroître, à la richesse générale de toute la nation d'augmenter. C'est à atteindre ce but, c'est-à-dire à mettre à la disposition de toute capacité les instruments de travail que tous doivent s'employer. C'est là la seule base possible d'un développement immense de richesse et d'industrie.

C'est ce qu'a bien nettement senti un publiciste éminent,

M. Michel Chevalier, qui est toujours resté sous l'influence des merveilles qu'il avait vu accomplir aux États-Unis, grâce à l'extension des institutions de crédit.

Voici ce qu'il écrivait en 1838 dans son ouvrage *des Intérêts matériels en France*, dans lequel il indiquait la nécessité de donner une puissante impulsion à la production.

« Sous le rapport des institutions de crédit, dit-il, il faut avouer que notre situation est peu satisfaisante ; de là un des plus forts obstacles à notre amélioration matérielle ; c'est à raison de l'absence de ces institutions qu'une foule de projets utiles restent sur le papier. Qu'il s'agisse, par exemple, d'un canal ou d'un chemin de fer destinés à changer la face d'une province ; le pays possède le capital suffisant pour l'exécuter, puisqu'il réunit les bras requis pour le construire, ainsi que les aliments et les denrées nécessaires aux travailleurs. Si l'ouvrage ne s'accomplit pas, le journalier ne trouve pas à utiliser sa force et à gagner son pain, et d'un autre côté, le cultivateur, le manufacturier et le marchand manquent de débouchés pour leurs produits. Le plus souvent néanmoins le projet, au lieu d'aboutir à la réalité, reste à l'état de rêve. C'est que, chez nous, entre l'ouvrier qui a besoin de consommer et le producteur ou le vendeur des objets de consommation, il n'y a d'autres intermédiaires qu'un ingénieur, homme de talent mais pauvre, et avec lui les bourgeois des villes que le canal ou le chemin de fer intéresse, gens qui ont de l'aisance, mais rien de plus, et qui sont dépourvus de tout moyen de se procurer, autrement qu'à des conditions léonines, l'argent comptant qui doit servir à opérer l'échange entre le travail de l'ouvrier et les denrées que l'agriculteur a dans son grenier, le marchand dans son magasin. Chez nous donc les plus fécondes conceptions doivent très-fréquemment avorter. En d'autres pays, au contraire, en Angleterre et aux États-Unis, par exemple, à côté de l'ingénieur et du bourgeois, vous avez une ou plusieurs banques en qui tous, bourgeois, ouvriers et paysans ont confiance, et souvent beaucoup plus qu'elles ne le méritent. La banque garantit au cultivateur et au marchand le payement de leurs denrées et à l'ouvrier son salaire par le procédé suivant : elle remet aux bourgeois actionnaires, contre leur engagement personnel, et quelquefois moyennant le dépôt même des actions du chemin de fer ou du canal, du papier-monnaie que l'ouvrier accepte en payement de son travail, et que le cultivateur et le marchand admettent non moins volontiers en retour de leurs provisions. Toute idée raisonnable a ainsi le moyen de passer rapidement de la théorie à la pratique ; bien plus, comme il est difficile aux hommes d'user seulement et de ne pas abuser, mainte conception folle profite de ces facilités pour faire son entrée dans les affaires. »

N'est-ce pas là un exemple bien digne d'imitation, et ne devons-nous pas tendre à réaliser un semblable moyen d'aider si puissamment la création de la richesse par le travail, favoriser cette effervescence de production si utile au progrès général, qui fait que quiconque se sent quelque intelligence rougit de rester longtemps dans une position inférieure, car il sait qu'il lui suffira d'employer toute sa capacité et son énergie pour s'élever aux premiers rangs.

Comment atteindre un semblable résultat ? Par de nouvelles institutions de crédit qui soient en rapport avec les desiderata du moment, qui répondent aux besoins nouveaux. Quelle base peut être assignée à ces créations ? Une seule vraiment solide pour toute institution de crédit, vraiment inébranlable, la *mutualité,* cette traduction pratique du grand mot Fraternité.

Tandis que les billets que reçoivent les banques d'escompte correspondent à des valeurs créées et transmises, les banques de crédit correspondraient aux valeurs à créer, et surtout à la masse des valeurs créées et non livrées qui encombrent les magasins de tout vendeur et de tout producteur qui peut ajouter à son crédit personnel un crédit matériel le jour où il les mobilise par la vente ; elles n'en existaient pas moins la veille. Quelle est la garantie dans les deux cas du papier qui représente les valeurs? La solvabilité générale, la capacité, la moralité de ceux qui créent la valeur, car celle-ci existante ou à créer n'est un gage réel que dans le prêt sur nantissement, lorsque la marchandise elle-même est livrée en garantie du signe-valeur.

Nous ne reviendrons pas sur la notion fondamentale des banques de crédit sur laquelle nous avons insisté, mais nous admettrons, comme certain, ce qui ne sera pas contesté par toutes les personnes habituées aux affaires, qu'entre producteurs qui se connaissent, sont liés par des relations mutuelles d'affaires, le crédit peut précéder comme suivre, dans une certaine proportion, la création de la valeur, en offrant parfaite sécurité, mais surtout être très-solidement gagé sur toute valeur réelle bien qu'invendue.

La société qui constituerait la banque, formée comme une banque ordinaire, ayant un nombreux conseil d'escompte formé d'intéressés, pourrait fonctionner ainsi. Tout producteur serait admis à présenter au conseil d'escompte son propre billet à échéance fixe, en joignant à l'appui une note sur l'opération qu'il veut effectuer, le bilan de sa position, l'énumération de ses chances de succès. Après appréciation du conseil d'escompte, qui connaît le crédit déjà ouvert à ce commerçant, le montant net du bordereau lui est remis en billets de la banque de crédit remboursables en espèces après un certain laps de temps.

Le produit d'une retenue, considérable dans les premières années, constituerait un fonds de réserve d'abord, puis seulement un fonds de mutualité suffisant pour faire face aux pertes; la retenue irait en décroissant avec la prospérité des affaires.

La certitude de l'échange en argent à des époques déterminées correspondant à l'échéance des billets des crédités, suffirait sans doute pour leur donner un cours réel, lorsque les affaires seraient conduites avec toute la prudence convenable, lorsque la bonne marche de l'opération aurait fait entrer dans la mutualité un nombre très-grand de commerçants.

Pour qu'il en soit ainsi, il faudrait limiter les risques de cette mutualité, comme dans l'Union de crédit qu'on vient de tenter en Belgique et dont nous rapportons note IV les statuts, à une somme égale au crédit demandé par chacun ou à partie de ce crédit 20 p. 100 par exemple. Si en outre on exigeait dans certains cas dangereux un endos d'une personne dont la garantie ne s'étendrait aussi qu'à 20 p. 100 de la somme prêtée; qu'enfin la retenue eût été de 10 p. 100, on voit qu'il faudrait une perte de 50 p. 100 pour que la conversion en argent devînt illusoire, ce qui est dix fois supérieur aux chances de pertes possibles dans des affaires réelles.

Qu'on se rappelle la caisse des crédits mutuels projetée il y a quelques années, par nos premières notabilités financières, MM. Humann, Bartholony, Pillet-Will, etc. Ils avaient fixé à un maximum de 3 p. 100 la prime ou perte à payer par chaque mutualité, le surplus à leur charge; sans doute bien des banques seraient fondées par des producteurs peu riches, mais une perte de 10 p. 100 serait vraiment énorme.

Ce qu'il faut bien remarquer, c'est que les billets ayant cours en tout temps à cause de la certitude de l'échange en argent, étant toujours acceptés sans difficulté en échange de marchandises par les négociants associés à la mutualité, qui en auraient besoin pour rembourser à l'échéance leurs propres engagements envers la banque de crédit ils vaudraient dans un temps de crise les billets de l'État et seraient par suite très-recherchés.

Une semblable création pourrait donc se réaliser, surtout avec le concours de l'État prêtant son appui, autorisant la caisse de crédit public à seconder de ses billets les banques de crédit comme les banques d'escompte, lorsqu'elles offriraient toute sécurité; la circulation et par suite la production de la valeur ne connaîtrait pas de limites; tout citoyen pouvant produire, jugé capable par ses pairs, en trouverait immédiatement les moyens, et l'affluence des producteurs profitant des fruits de leur travail créant un nombre considérable de consommateurs pouvant consommer, la richesse et la prospérité du pays croîtraient dans des proportions inouïes.

Une idée remarquable due à un publiciste bien connu par sa verve et son imagination (1), qui malheureusement dépasse quelquefois le but à atteindre, (et qui en exagérant l'importance d'une idée heureuse qu'il remet en lumière, veut faire résulter d'une institution de crédit,

(1) M. Proudhon.

tout un système politique et social) peut rendre l'intervention de l'Etat moins directe, ou plutôt permettre à des mutualités libres, de prendre naissance en dehors de cette intervention pour ne venir se fondre dans celle de l'Etat, dans la mutualité générale, que lorsqu'elles seraient parvenues à un degré de solidité pouvant inspirer toute confiance. A l'aide de cette idée disparaît la difficulté qui s'oppose à l'extension de toute banque de crédit, à savoir de faire circuler ses billets. M. Proudhon demande la création d'une banque nationale d'échanges; nous doutons qu'il soit possible de réaliser ce projet, mais rien de plus avantageux que de convertir nos banques de crédit en banques d'échange; c'est-à-dire de faire à tous les fabricants et commerçants usant du bénéfice d'une de ces institutions, obligation de recevoir comme argent le billet de la banque qui lui fournit du capital, ce qu'ils seraient nous croyons fort disposés à faire même sans obligation. Evidemment lorsque par le développement des affaires de cette banque une foule de négociants s'obligeraient à accepter son billet comme argent (en réalisant le bénéfice que leur procure la vente, résultant forcément de l'obligation pour le porteur du billet de s'approvisionner chez eux et par suite accroissant singulièrement leur débouché), ce billet vaudrait de l'argent puisqu'il servirait à acquérir tout ce dont on aurait besoin.

« Supposons, dit M. Proudhon, que la banque d'échanges fonctionne d'abord sur une base de 1,000 souscripteurs : la quantité de papier qu'elle émettra sera proportionnée aux affaires de ces 1,000 souscripteurs et négociable seulement entre eux. Puis, à mesure que de nouvelles adhésions se feront connaître, la proportion des billets sera comme 5,000, 10,000, 100,000, etc., et leur circulation croîtra avec le nombre des souscripteurs, comme une monnaie à eux particulière.

« Une comparaison familière achèvera de donner l'intelligence de ce mécanisme.

« Vingt personnes se réunissent dans une maison pour jouer. Au lieu de déposer argent sur table, elles se servent de jetons qui leur sont délivrés par le chef de l'établissement, soit contre espèces, soit contre signature, si le joueur est d'une solvabilité reconnue. La partie finie, les jetons sont remboursés aux porteurs par le banquier, de manière que les joueurs n'ont pas entre eux de compte à régler. Dans ce petit cercle, les jetons, garantis par le banquier, lequel est lui-même garanti par les sommes qu'il reçoit ou par des signatures solides, sont une vraie monnaie.

« La banque d'échanges remplit le même office que le chef de l'établissement dont je parle.

« Par son intermédiaire, 100,000 négociants sont entre eux comme les vingt joueurs que je suppose. — Au lieu de jetons ou d'espèces, la banque leur délivre des billets. — Ces billets ne sont délivrés à chaque négociant que proportionnellement à la somme d'affaires régulières qu'il peut notoirement effectuer. »

Cherchons à représenter ce système en action.

Imaginons qu'un certain nombre de commerçants, ceux qui occupent le Palais-National, à Paris, par exemple, fassent entre eux une banque de crédit, et que leurs affaires étant de 1 million par mois ils répartissent entre eux 2 ou 3 millions de papier de cette banque contre les billets des preneurs, à un an de date, la répartition étant faite en raison du chiffre des affaires de chacun.

Ces billets étant garantis par la mutualité de tous les marchands seraient acceptés avec empressement par des fournisseurs, qui à leur tour chercheraient à les placer à d'autres personnes. Or, toutes les fois que ces billets se trouveraient passer entre les mains de quelqu'un ayant l'usage d'un des articles qui se vendent au Palais-National, de bijoux, de livres, d'habits, d'un objet quelconque enfin, plutôt que d'aller chez aucun autre fournisseur qui exigerait de l'argent, il s'empresserait d'aller chez celui dont l'adresse serait au dos du billet de la banque d'échanges, sûr qu'il y serait accepté comme argent.

L'année finie, chaque marchand a gardé ses billets ou en a vu rentrer à son grand bénéfice, par l'effet de ventes qu'il n'eût probablement pas faites sans la banque d'échanges, il paye donc avec ceux-ci les effets qu'il a souscrits. Le surplus il le paye en espèces, qui servent à rembourser les associés qui en ont accumulé un nombre considérable. Enfin si la retenue n'était pas suffisante pour amortir un nombre de billets de banque égal aux sommes qu'on ne pourrait recouvrer, par suite de non-payement, un appel serait fait à la mutualité pour obtenir la différence. On voit ainsi comment la condition de l'échange tend à activer la consommation elle-même, ce qui sera la cause du développement de ce genre d'établissement.

Remarquons qu'une semblable institution devant agir comme banque de crédit, il faut éviter de provoquer le remboursement en espèces. Ce qui serait le mieux pour l'éviter, serait de dater les billets, de les faire remboursables au bout de l'année, si on ne préfère toucher un intérêt de 5 ou 6 p. 100 par exemple et recevoir un billet de l'année suivante. Dans de semblables conditions nul ne provoquera l'échange si la confiance est établie, car on préférera après avoir touché l'intérêt, acheter les denrées dont on aura besoin chez un associé de la banque plutôt que chez un autre fournisseur, pour employer son billet.

Comme on le voit dans cet exemple, nous ne traitons ici que d'une entreprise privée agissant le plus souvent sur une échelle assez faible; quand son crédit sera parfaitement établi ce serait la banque de l'Etat qui, au grand avantage réciproque, viendrait substituer ses billets à ceux de la banque d'échanges dont la circulation est nécessairement toujours limitée et spéciale. Mais cette forme est parfaitement propre à donner au crédit privé une élasticité parfaite, à développer dans de très-grandes proportions la production, pendant que l'intervention du gouvernement dans la banque centrale assurera la sécurité de la circulation, la vérité du signe-valeur général. C'est en un mot obtenir la puissante circulation produite par les banques locales aux Etats-Unis, sans jeter le pays dans les désastres résultant des excès d'émission. C'est enfin faire la part équitable des mutualités de second ordre, et de la grande mutualité de tous qui est représentée par l'Etat.

Nous ne pouvons dans la revue rapide des questions économiques que nous tentons ici, préciser d'une manière complète l'institution dont nous venons d'indiquer l'esprit; comment on pourrait rapidement habituer le public à ces valeurs, en répandant un grand nombre de ces titres par une loterie, par exemple, si on était secondé par l'Etat; mais ce que nous avons dit suffira, nous espérons, pour faire reconnaître la voie dans laquelle doivent être fondées les nouvelles institutions de crédit capables de satisfaire aux besoins d'une société nouvelle; pouvant résoudre complétement ce problème, mettre les instruments de travail à la disposition de quiconque est capable de créer la richesse par son travail, et seconder la production partout où elle tend à naître.

Les banques de crédit en modifiant profondément les relations du capital et du travail, accompliraient la révolution qui est dans les esprits. C'est surtout dans cette modification de la nature du crédit, précédant la création de la valeur au lieu de la suivre, qu'est la solution ; c'est dans l'intervention de la banque de l'Etat *n'accordant son crédit qu'aux entreprises parfaitement assises*, qu'est la régularisation du crédit général, la réglementation de la circulation ; c'est dans la création de banques libres, que peut résider l'impulsion incessante de l'intérêt privé tendant toujours à prendre son essor. C'est ainsi que le principe d'association, de fraternité, peut se faire jour dans les faits économiques, utilement pour tous, sans confisquer la liberté de personne.

CHAPITRE XII.

CRITIQUES ET ÉLOGES DE LA CONCURRENCE.

Nous sommes maintenant en mesure d'apprécier combien sont peu fondés les reproches amers, adressés à la libre concurrence, c'est-à-dire à celle qui résulte de l'absence de tout monopole injuste ou oppressif, relativement à l'emploi de la faculté de travailler.

Quand il n'y a plus d'exploité, quand la société prend un soin égal de tous ses membres, il y a *libre concurrence réelle*. Quand cela n'existe pas, *la libre concurrence est illusoire*, et on n'est pas fondé à attribuer à la liberté du travail, les malheurs qu'engendrent les monopoles réels, quand même en apparence la liberté du travail paraît respectée. C'est ce que nous va clairement montrer l'examen de l'attaque la plus rude portée au principe de la concurrence, par M. L. Blanc, dans un discours prononcé devant les délégués des ouvriers au Luxembourg, dans un moment où l'on eût sans doute mieux fait de calmer les passions que de les exciter.

Critique de la concurrence.

Après avoir indiqué le but de la réunion, M. L. Blanc (Discours prononcé le 3 avril, Imprimerie Nationale), commence ainsi :

— « Depuis que la *Commission de Gouvernement pour les travailleurs* est installée, elle a vu passer sous ses yeux des douleurs dont le spectacle l'a presque épouvantée ; et pas une de ces douleurs qui ne soit le résultat lamentable, mais forcé, de la constitution actuelle de la société !

« Ainsi donc, c'est au salut de la société tout entière, par l'affranchissement des travailleurs et la fécondation du travail, que l'Assemblée nationale aura bientôt à pourvoir. La question est difficile à résoudre, mais elle s'impose à nous comme la grande, comme l'inévitable nécessité des temps modernes (De toutes parts et avec émotion : Oui !oui !). J'en suis, pour ma part, *tellement convaincu*, que depuis longtemps j'ai pris envers moi-même l'engagement de ne pas dérober un jour à ces études orageuses, et l'engagement, je le tiendrai, dussé-je mourir avant la solution du problème !

(Plusieurs délégués se levant et tendant la main : Et nous aussi !).

« Le principe sur lequel repose la société d'aujourd'hui, c'est celui de l'isolement, de l'antagonisme, c'est la concurrence. Voyons un peu ce qu'un semblable principe peut porter dans ses flancs.

« La concurrence, c'est, je le dis tout d'abord, c'est l'enfantement perpétuel et progressif de la misère. Et en effet, au lieu d'associer les forces de manière à leur faire produire leur résultat le plus utile, la concurrence les met perpétuellement en état de lutte ; elle les annihile réciproquement, elle les détruit les unes par les autres. De quoi se composent aujourd'hui, je le demande, les bénéfices de tout atelier? N'est-ce pas de la ruine de maint atelier rival? Quand une boutique prospère, n'est-ce point parce qu'elle est parvenue à arracher, comme une proie, l'achalandage des boutiques voisines? (Bravo! bravo!) Que de fortunes uniquement formées de débris! Et de combien de larmes ne se compose pas, souvent, le bonheur de ceux qu'on appelle les heureux! (Vifs applaudissements.) Or, est-ce une société véritable que celle qui est constituée de telle sorte, que la prospérité des uns corresponde fatalement aux souffrances des autres? Est-ce un principe d'ordre, de conservation, de richesse, que celui qui fait de la société un amalgame désordonné de forces, dont les unes ne triomphent que par l'incessante destruction des forces opposées? (Des divers côtés de la salle : Oui! oui! vous avez raison!) Je vous remercie de cette interruption sympathique ; car contre toutes les attaques qui servent de récompense à ceux qui, par dévouement à la chose publique, affrontent tant de fatigues et de périls, contre ces attaques, de jour en jour plus envenimées, votre adhésion nous est un rempart, et il nous est doux de trouver appui dans vos cœurs. (Marques unanimes d'assentiment.)

« La concurrence est une cause d'appauvrissement général, parce qu'elle entraîne une déperdition de travail humain, immense et continue; parce que chaque jour, à chaque heure, sur chaque point du sol, elle révèle son empire par l'anéantissement de quelque industrie vaincue, c'est-à-dire par l'anéantissement des capitaux, des matières premières, du travail, du temps, employés par cette industrie. Eh bien, je n'hésite pas à affirmer que la masse de richesses ainsi dévorées est tellement considérable, que quiconque la pourrait mesurer d'un coup d'œil reculerait d'effroi. (Bravo!) »

M. L. Blanc ne veut voir la concurrence que dans un moment de pléthore industrielle, il ne veut pas la considérer dans un moment de prospérité. Dans ces temps, des établissements nouveaux viennent se fonder à côté des anciens, et réalisent des bénéfices sans détruire ceux des premiers venus. De quel droit par une réglementation arbitraire voudrait-on interdire aux derniers arrivés de venir prendre leur part d'un travail qu'ils sont capables de faire ? Que faut-il donc pour qu'il en soit toujours ainsi ? que le débouché aille toujours en s'agrandissant dans toutes les directions ; et cela a lieu aux États-Unis, cela aura lieu partout où la circulation aura lieu régulièrement, où chacun pourra toujours produire et consommer ; où la consommation croîtra précisément en raison de l'augmentation de la production.

Ce dont vous accusez ici la libre concurrence, c'est l'imperfection de la répartition de la richesse, de la circulation, des institutions de crédit qui en est la cause ; la liberté du travail n'y est pour rien.

Nous espérons l'avoir fait sentir en parlant du crédit, nous n'y reviendrons pas ici.

— « La concurrence est une cause d'appauvrissement général, parce qu'elle livre la société au gouvernement grossier du hasard. Est-il, sous ce régime, un seul producteur, un seul travailleur, qui ne dépende pas d'un atelier lointain qui se ferme, d'une faillite qui éclate, d'une machine tout à coup découverte et mise au service exclusif d'un rival? Est-il un seul producteur, un seul travailleur, à qui sa bonne conduite, sa prévoyance, sa sagesse, soient de sûres garanties contre l'effet d'une crise industrielle? La *concurrence* force la production à se développer dans les ténèbres, à l'aventure, en vue de consommateurs hypothétiques et de marchés *inconnus*. De là un désordre inexprimable; de là impossibilité absolue d'établir entre la production et la consommation cet équilibre d'où sort la richesse.»

Il faut admettre que le travailleur a quelque intelligence, que par suite il a quelque raison pour produire telle valeur plutôt que telle autre. Sans doute, si un être surnaturel, infaillible, voulait indiquer aux hommes six mois à l'avance, la quantité de chaque denrée qui sera réellement consommée, ce serait un grand bien; mais nous ne sachions pas que la Providence se charge d'aucune publication de cette nature. Le choix n'existe donc qu'entre le producteur, éclairé par son expérience, par les renseignements statistiques mis à sa disposition par la société, l'état des marchés, les variations du prix de la denrée; et un administrateur non intéressé qui fixerait à chacun la quantité qu'il doit produire de chaque chose. Qui ne voit que la misère serait le prix de la confiscation de la liberté! L'équilibre entre la production et la consommation ne peut résulter que d'une détermination humaine et par suite sujette à des erreurs: mieux vaut mille fois celle de l'homme libre que celle de l'esclave.

— « Aussi, que voyons-nous? A côté de telle industrie qui regorge de bras, telle autre en appelle vainement. A côté de tel marché qui reste désert, tel autre se montre déplorablement engorgé. C'est l'impuissance dans la confusion, c'est la pauvreté par le chaos. Et quelle sécurité possible dans un semblable régime? Quand j'aurai dit que la concurrence réduit l'industrie à n'être plus qu'une loterie meurtrière, osera-t-on me répondre comme les économistes anglais : « *Tant pis pour celui qui tire un billet perdant!* » Où l'anarchie est installée, tenez pour certain qu'il y a ruine, et que la ruine éclatera tôt ou tard, dans un an, dans deux ans, à un jour donné, qui sera, par exemple, le 24 février 1848. (Applaudissements prolongés.) Grande leçon qui prouve que nul moyen n'existe d'éluder cette invincible loi de la solidarité humaine! Leçon terrible qui crie aux hommes : Vous n'avez pas voulu de la solidarité dans le bonheur; vous la subirez dans les désastres! (Énergiques et unanimes applaudissements.) »

Quant aux industries qui manquent de bras, dont il est d'abord question, soyez certains qu'elles rémunèrent misérablement les travailleurs, car ceux-ci s'y précipiteraient si leur intérêt les y appelait. Que l'agriculture, que M. L. Blanc a en vue, donne 10 francs par jour à ses ouvriers, et il verra les travailleurs des villes émigrer vers les campagnes, et le courant qui se produit aujourd'hui en sens inverse changera de direction. Répandez les capitaux dans l'agriculture, et vous obtiendrez ce résultat; mais ne forcez pas le citoyen qui veut être libre, à adopter malgré lui le travail le moins profitable!

L'industrie n'est-elle qu'une loterie? Oui, si on ne développe pas les institutions qui assurent le succès du plus digne et du plus capable. C'est parce que l'injustice produit toujours le malheur, parce que nous avons foi dans la loi de solidarité qu'invoque M. L. Blanc, et dont la Révolution de Février a prouvé la vérité, que nous combattons les monopoles abusifs et croissants qui tendaient à se développer avant la révolution. C'est de là que sortait la misère et la souffrance et nullement de la liberté du travailleur.

— «La concurrence est une cause d'appauvrissement général, parce qu'elle rend nécessaire une foule de parasites qui ne vivent que du désordre qu'elle crée. Si la société était fondée sur ce principe de fraternité qui, je le proclame bien haut, est la vraie source de la richesse, où serait la nécessité de tant de fonctions qui, aujourd'hui, ne consistent qu'à régler les débats, qu'à terminer les discussions, qu'à couper court aux querelles et aux haines, engendrés par la séparation des intérêts? Imaginez des milliers d'hommes sans cesse occupés à reconstruire un mur que des milliers d'hommes sont sans cesse occupés à abattre : voilà l'image de l'activité sociale, telle que la concurrence la détermine. (C'est vrai!) »

M. L. Blanc veut que les hommes soient toujours d'accord, qu'il ne s'élève jamais entre eux le moindre dissentiment: c'est vouloir qu'il n'y ait plus de gens de mauvaise foi, de voleurs, etc.; ce qui est assez difficile. S'il trouve inutile, la foule d'*êtres parasites*, appelés habituellement avocats, juges, etc., que ne les remplace-t-il par la justice expéditive du cadi? le moyen de simplification est connu depuis longtemps et la bastonnade est employée avec succès chez les Arabes, pour rendre les procès moins longs. Peut-être les Français aimeront-ils mieux encore le système actuel dans lequel l'individu leur paraît mieux protégé.

— « Épuisons cette démonstration. La concurrence est une cause d'appauvrissement général, parce que, loin de tendre à universaliser l'application des découvertes du génie, elle les renferme dans le cercle du monopole, et souvent même les transforme en agents de destruction. Ainsi, que, dans le régime de concurrence, une machine soit inventée, profitera-t-elle à tous, à tous sans exception ? Non, vous le savez bien. Ce sera une massue avec laquelle l'inventeur breveté écrasera ses compétiteurs et cassera les bras à des légions d'ouvriers. Laissez-moi vous présenter ici une comparaison saisissante. Supposez, pour un moment, que le génie de l'homme se soit élevé, dans la région des découvertes, à une telle hauteur, que tout le travail humain puisse être remplacé par l'action des machines; et voyons ce qui en résulterait dans le système d'association d'abord, puis dans le système actuel, la concurrence.

« Dans le premier de ces deux systèmes, qui par sa nature exclut tout privilége, tout monopole, tout brevet d'invention, et répartit entre tous la richesse, il est évident que la substitution générale des machines au travail humain n'aurait qu'un résultat, celui de permettre à tous les hommes le repos du corps, en remplaçant, à leur profit, le labeur manuel par la culture de l'intelligence, par le développement des hautes études, par la pratique de plus en plus perfectionnée de ce qui tient à l'imagination, aux arts, à la poésie. Dans le système de concurrence, au contraire, qui livre chacun à ses propres forces et dont l'étendard porte ces sauvages devises : *Au plus habile, au plus riche le succès! Malheur aux vaincus!* Dans le système de la concurrence, qui fait de toute découverte la propriété *exclusive* d'un seul ou de quelques-uns, qu'arriverait-il si l'on parvenait à inventer assez de machines pour rendre tout le travail humain superflu ? Ce qui arriverait ? je frémis de le penser : les trois quarts de la population mourraient de faim. (Sensation profonde.) Comprenez-vous bien la portée d'un tel rapprochement ? (Oui ! oui ! oui !)

« Les découvertes de la science sont trois fois saintes; considérée en elle-même, l'invention d'une machine destinée à épargner aux hommes une fatigue est un incommensurable bienfait. D'où vient donc qu'aujourd'hui des milliers de travailleurs sont quelquefois réduits à la misère par l'application d'un procédé nouveau? Est-ce la faute de la science, est-ce la faute du génie, est-ce la faute des machines, qui asservissent la nature à l'humanité? Non, c'est la faute d'un régime si absurde, si vicieux, que le bien même ne peut s'y produire qu'accompagné d'un immense cortége de maux. En serait-il ainsi, dites-moi, sous une loi d'universelle association? Concevez-vous que le génie pût jamais être pour un seul homme un sujet d'inquiétude là où existerait dans toute sa splendeur la solidarité des intérêts? Le génie!... ah! sa grandeur consiste à se mettre au service de l'humanité TOUT ENTIÈRE; et lorsqu'il en est réduit à fournir au monopole, à la cupidité, des armes de combat, c'est, j'en jure, parce que sa mission est dénaturée! (Vive sensation.) »

Il est impossible d'être plus complétement dans le faux que M. L. Blanc dans ce passage. Dans un discours tendant à prouver que la concurrence engendre tous les maux, il donne comme preuve convaincante tout le mal qui lui semble accompagner l'invention des machines : du fait de la concurrence, sans doute? non, par suite du monopole résultant des brevets d'invention! Mais un monopole, c'est le contraire de la concurrence, c'est la négation de la liberté de tous! Tout ce passage s'applique donc au système du monopole, tel par exemple que celui de M. L. Blanc, où une industrie parquée dans ses ateliers nationaux deviendra inabordable pour quiconque n'y serait pas enrégimenté.

Mais non-seulement ce passage attaque le système opposé à celui que M. L. Blanc veut détruire, mais il l'attaque sur un point où il est inébranlable. La machine ne profitera pas à tous sans exception, dites-vous ; si, en ce sens que par cette invention la valeur d'un produit sera diminuée, ce qui est accroissement de richesse pour tous, non, quant à tous les bénéfices de l'exploitation de cette machine.

Mais qui a droit à ces bénéfices? La société a-t-elle inventé cette machine? Ne doit-elle rien à l'inventeur? Ne serait-elle pas infâme de ne pas reconnaître les services qui lui sont rendus par une rémunération proportionnée à ceux-ci ?

Mais, dites-vous, si des inventeurs venaient remplacer *tout* le travail humain par le travail de machines? Mais ces inventeurs ne seraient pas des hommes, ce seraient des dieux, et l'humanité n'aurait pas assez d'honneurs et de richesses à leur donner en récompense du service qui lui serait rendu. En effet, ils feraient sans doute fonctionner ces machines, et l'homme serait aussitôt affranchi de la loi du travail ; car ce qui ne coûterait rien, il l'aurait pour rien, d'autant plus que ne créant plus de produits il ne pourrait que recevoir et non acheter. Mais laissons là une supposition impossible. L'homme travaillera toujours, et la société sera infâme toutes les fois qu'elle ne laissera pas le travailleur, inventeur ou manœuvre, jouir du fruit de son travail. C'est là la loi divine et humaine, et il n'est au pouvoir ni d'un homme ni d'une assemblée d'y rien changer. Dieu merci ! le juste et l'utile sont toujours d'accord, et la société s'enrichit par le travail qui enrichit un des siens.

— « En vous expliquant pourquoi la concurrence était une cause d'appauvrissement général, je ne vous ai pas dit qu'elle provoquait entre ouvriers une compétition qui les condamne à se disputer l'un à l'autre l'emploi ; qui les réduit à se vendre au rabais pour obtenir la préférence ; qui pèse, par conséquent, sur les salaires et resserre la consommation en même temps qu'elle donne à la production une ardeur déréglée et dévorante. Que vous aurais-je appris à cet égard que vous ne sachiez, hélas! par la plus cruelle de toutes les expériences? »

La concurrence fait baisser les prix de salaires dans certains moments, mais elle les fait croître dans d'autres. Occupez-vous de rendre l'industrie prospère et l'ouvrier sera satisfait, car avec les salaires élevés qu'il saura bien réclamer et avec raison, il aura le bien-être, et le plus intelligent construira, par l'épargne d'abord et bientôt par son industrie, l'édifice de sa fortune.

— « Mais un trait essentiel manquerait à ce triste tableau, si j'oubliais d'ajouter qu'en créant la misère, la concurrence crée l'immoralité. Car, qui oserait le nier? c'est la misère qui fait les voleurs ; c'est la misère qui, en greffant le désespoir et la haine sur l'ignorance, fait la plupart des assassins ; c'est la misère qui fait descendre tant de jeunes filles à vendre hideusement le doux nom d'amour. Qu'on lise les feuilles judiciaires, qu'on interroge le registre des écrous, qu'on fouille dans les archives de la prostitution, et qu'on réponde ! Voilà donc la société introduisant au milieu d'elle, par le seul vice de sa constitution, la haine, la violence, l'envie ; la voilà se plaçant elle-même dans cette alternative ou d'être opprimée par en haut ou d'être incessamment troublée par les attaques d'en bas. Que le système d'où naît une situation aussi désastreuse se défende ! Nous l'accusons hautement d'immoralité. (Bravo!) »

Ce que vous tracez dans ce tableau, ce sont les résultats

de la misère. Personne n'en veut plus que vous. Mais cette misère, qui la produit? la concurrence, dites-vous. Les vices, les désordres n'y contribuent-ils pas aussi quelquefois? Mais passons, ne voyez-vous pas que vous ne voulez toujours regarder que la concurrence dans la misère qui dégrade tout le monde, et jamais la concurrence dans la prospérité qui élève toute la nation? Allez donc aux États-Unis voir un pays où la concurrence toujours ascendante tend à élever tous ceux qui ont capacité et énergie. Cependant il y a là encore des assassins! Est-ce la faute de la concurrence?

— « Mais quoi! on nous avertit que si nous touchons à la concurrence, nous portons la main sur la liberté. Une pareille objection est-elle sérieuse?...

« Avant de la repousser, j'ai à vous prémunir contre tout sentiment d'irritation. Dieu me préserve de venir ici vous exciter à la colère et faire appel à des impatiences farouches dont vous seriez victimes les premiers! La manière même dont je pose la question vous montre assez que les maux signalés accusent non pas tel ou tel homme, telle ou telle classe, mais une organisation sociale vicieuse, un faux principe. Or, changer une mauvaise organisation sociale, écarter un faux principe, ce n'est point là une affaire d'impatience et de révolte, c'est une affaire d'étude et de science. Quant à moi, mis journellement en rapport avec le Peuple depuis la Révolution de Février, j'ai pleine confiance dans sa modération. C'est pourquoi je n'hésite pas à m'entretenir avec vous de vos souffrances. Le moindre emportement dans vos plus légitimes désirs, la moindre violence dans vos actes, risqueraient de tout compromettre. Voilà, grâce au ciel, ce que vous sentez aussi bien que moi; et c'est un des plus glorieux indices de la grandeur de nos prochaines destinées, que cette disposition du Peuple à attendre son affranchissement, non de la force brutale, mais de l'ordre, de la discussion libre, de la science. Oui, mes amis, soyons calmes, soyons patients et modérés. Laissons les vulgaires ressources de la violence à nos adversaires. Nous avons de notre côté la justice et la raison : ne faisons pas à la raison, à la justice, cette injure de nous défier de leur triomphe au moment où elles vont enfin avoir la parole. (Applaudissements.)

« Je reprends : on nous reproche d'attaquer la liberté en attaquant la concurrence. Ah ! j'avoue qu'un tel reproche me remplit d'étonnement. Car si nous ne voulons pas de la concurrence, c'est précisément parce que nous sommes les adorateurs de la liberté. Oui, la liberté, *mais la liberté pour tous*, tel est le but à atteindre, tel est le but vers lequel il faut marcher. (Bruyante approbation.) Voyons si le régime actuel y conduit.

« Que la liberté existe aujourd'hui, et dans toute sa plénitude, pour quiconque possède des capitaux, du crédit, de l'instruction, c'est-à-dire les divers moyens de développer sa nature, je suis certainement loin de le nier.

« Mais la liberté existe-t-elle pour ceux à qui manquent tous les moyens de développement, tous les instruments de travail? Quel est le résultat de la concurrence? N'est-ce pas de mettre les premiers aux prises avec les seconds, c'est-à-dire des hommes armés de pied en cap avec des hommes désarmés? La concurrence est un combat, qu'on ne l'oublie point. Or, quand ce combat s'engage entre le riche et le pauvre, entre le fort et le faible, entre l'homme habile et l'ignorant, on ne craint pas de s'écrier : Place à la liberté! Mais cette liberté-là, c'est celle de l'état sauvage.

Quoi ! le droit du plus fort, c'est ce qu'on ne rougit point d'appeler la liberté ! Eh bien, je l'appelle, moi, l'esclavage. Et j'affirme que ceux d'entre nous qui, par suite d'une mauvaise organisation sociale, sont soumis à la tyrannie de la faim, à la tyrannie du froid, à la tyrannie invisible et muette des choses, sont plus réellement esclaves que nos frères des colonies, qui travaillent sous le fouet du commandeur, mais qui, du moins, sont assurés de leur lendemain. (C'est vrai ! c'est vrai ! Applaudissements.)

« Lorsque, chaque jour, des malheureux à qui une compétition désordonnée ferme les avenues du travail viennent nous dire ici : « De grâce, du travail pour nous ! du pain pour nos femmes et pour nos enfants ! » et que nous n'avons rien à leur répondre....., ces hommes sont-ils libres ? (Non ! non !)

« L'étendard que Spartacus leva dans l'antiquité portait-il une devise plus profonde, plus poignante que celle des ouvriers lyonnais : « Vivre en travaillant.....» Je n'achève pas... Ceux qui l'adoptèrent, cette devise, étaient-ils libres ? (Voix nombreuses : Ils étaient esclaves de la faim !)

« Disons-le bien haut : la liberté consiste, non pas seulement dans le DROIT, mais dans le POUVOIR donné à chacun de développer ses facultés. D'où il suit que la société doit à chacun de ses membres, et l'instruction, sans laquelle l'esprit humain ne peut se développer, et les instruments de travail, sans lesquels l'activité humaine est d'avance étouffée ou tyranniquement rançonnée.

« Il faut donc, pour que la liberté de tous soit établie, assurée, que l'État intervienne. Or, quel moyen doit-il employer pour établir, pour assurer la liberté ? L'association. A tous, par l'éducation commune, les moyens de développement intellectuel ; à tous, par la réunion fraternelle des forces et des ressources, les instruments de travail ! Voilà ce que produit l'association, et voilà ce qui constitue bien véritablement la liberté. (Bravo !) »

Ce passage est certainement le meilleur du discours, mais précisément parce qu'il plaide pour la liberté contre le monopole. Oui, la société doit chercher à répandre dans toute la société *sans exception*, les bénéfices du crédit et de l'instruction ; mais peut-elle faire que les paresseux, les incapables en profitent ? peut-elle faire que l'individu sans énergie pour travailler et créer la richesse, soit soustrait à l'aiguillon du besoin ? C'est s'imaginer toujours que l'État a à sa disposition un coffre-fort inépuisable, rempli on ne sait où. Saint Paul l'a dit : celui qui ne veut pas travailler ne doit pas manger ; ayez la charité pour les incapables et les idiots qui sont l'exception, mais faites l'organisation sociale pour le citoyen actif et intelligent : celui-là a droit à prendre sa part de la richesse générale qu'il contribue à créer ; mais ne lui enlevez pas les produits de son travail pour encourager l'inertie.

— « Du reste, qu'on ne s'y trompe pas, ce grand principe de l'association, nous ne l'invoquons pas seulement comme moyen d'arriver à l'abolition du prolétariat, mais comme moyen d'accroître indéfiniment la fortune publique ; c'est-à-dire que nous l'invoquons pour les riches, pour les pauvres, pour tout le monde. Car, autant la concurrence déploie de force pour tarir les sources de la richesse, autant l'association en possède pour les multiplier, les agrandir. Avec l'association universelle, avec la solidarité de tous les intérêts nouée puissamment, plus d'efforts annulés, plus de temps perdu, plus de capitaux égarés, plus d'établissements se dévorant les uns les autres ou mourant du contre-coup de quelque faillite lointaine et imprévue, plus de produits créés à l'aventure, plus de machines nouvelles devenant des instruments de guerre, plus de travailleurs enfin cherchant au milieu d'un désordre immense l'emploi qui les cherche eux-mêmes sans les trouver. »

Ce que vous appelez ici association universelle, se traduira dans la pratique par l'intervention directe de l'Etat pour régler la production et la consommation. Le pacha d'Egypte a déjà inventé ce système, et nos ouvriers ont peu de goût pour le sort des pauvres Fellahs. M. Lamennais a parfaitement démontré que cette intervention incessante de l'Etat était la confiscation absolue de la liberté; aussi dit-il aux ouvriers : « Dans le système qu'on vous vante, nulle place possible pour la liberté. Sous la main de l'Etat, chargé de pourvoir aux besoins si nombreux, si complexes de l'homme en société, vous ne pouvez être que de purs instruments passifs. Sans cela, comment l'Etat accomplirait-il sa fonction de protecteur universel? Il s'agit de la vie de tous; l'Etat, pour l'assurer, pour en être responsable, doit avoir sur chacun un pouvoir absolu. A chacun donc sa tâche quotidienne déterminée, quant à sa nature et à sa durée, par les directeurs souverains du vaste atelier national. Comme ils règlent les produits, ils en règlent la distribution : ces deux termes s'impliquent l'un l'autre. Que reste-t-il de libre à celui qui produit selon qu'on lui ordonne, qui consomme selon qu'on le lui permet? Que devient l'homme au milieu de tout cela? Non, ce n'est pas le travail que l'on organise, mais l'esclavage des travailleurs. Pourquoi l'abolir dans les colonies, si l'on voulait l'établir en France, et sous de plus dures conditions? »

— « Et maintenant, quel sera dans ce régime nouveau le meilleur mode de répartition à établir, soit dans les travaux, soit dans la rémunération?

« Je suppose un instant la société arrivée au dernier terme de son perfectionnement : que faudrait-il pour que tous les hommes y fussent heureux? deux choses : d'abord, que chacun pût développer librement ses facultés et ses aptitudes; ensuite, que chacun pût contenter pleinement ses besoins et ses goûts. L'idéal vers lequel la société doit se mettre en marche est donc celui-ci : *produire selon ses forces, consommer selon ses besoins.* (Oui! oui! c'est évident). »

Voilà la formule définitive de M. L. Blanc. Ici il faut s'arrêter, car l'utopie déborde, et Dieu merci! a été jugée sévèrement par le bon sens public. La société est une association de droits et de devoirs, elle ne doit rien à personne que la rémunération de ses efforts et la propriété de ses œuvres. Après avoir passé par l'égalité des salaires, avoir proclamé que l'ouvrier qui fabriquait, par exemple, deux serrures, devait être payé comme l'ouvrier moins habile qui n'en produisait qu'une pendant le même temps, M. L. Blanc a senti que sa formule était imparfaite, transitoire et arrive à la formule : *produire suivant ses forces, consommer suivant ses besoins.* C'est-à-dire pour continuer notre exemple, que si l'ouvrier paresseux a des goûts coûteux à satisfaire il ne s'en fera pas faute, tandis que l'ouvrier laborieux, plus modeste, vivra sans oser réclamer aucune jouissance. On voit que ce système est du communisme du plus mauvais aloi. Tandis que le communisme, cri de protestation de la misère des uns contre la richesse des autres, demande un niveau commun, dût-il être celui de la misère pour tous ; M. L. Blanc au contraire, réclame la richesse pour ceux qui en ont le goût, le *besoin*, fussent-ils les moins méritants. Tout cela est de l'organisation au rebours de la justice et de la vérité.

Nous ne nous sentons donc pas le courage d'aller plus loin, car la fin de ce discours n'est que le développement de ce triste système. Il n'est plus question de la concurrence et nous espérons avoir montré ce que valaient les arguments au nom desquels on voulait confisquer la liberté du travailleur. Organisons la société au profit de tous, mais ne confisquons la liberté de personne, au nom de théories erronées.

Nous ne parlerons donc pas de ce malheureux système d'ateliers nationaux si connu aujourd'hui et dont le vide a été si bien démontré. Nous rapporterons seulement quelques mots de la brochure de notre ami A. Gratiot (Organisez le travail, ne le désorganisez pas !) auxquels il n'y a rien à répondre.

« ... Mais que l'État se fasse industriel et fabricant ; mais qu'il abuse de sa force qui vient de nous, de ses armées qui se composent de nos enfants, de ses impôts qui s'alimentent de nos écus, pour écraser la concurrence loyale de nos industries par la concurrence odieuse de ses ateliers ; mais qu'il courbe sous le même niveau la paresse et l'activité, l'ignorance et l'intelligence ; mais qu'il proclame l'égalité des salaires, c'est-à-dire la destruction de l'émulation, la négation du génie, l'abandon du travail ; mais qu'il pense racheter ses paroles de la veille en déclarant que l'égalité des salaires sera l'égalité du *maximum* et non du *minimum* ; je ne crains pas de le dire en face des ouvriers qui me comprendront, l'application d'un pareil système serait : pour l'industrie, la ruine ; pour l'ouvrier, la misère ; pour la France, la banqueroute. »

La critique violente de M. L. Blanc prouve bien clairement, ce nous semble, l'existence du malentendu que nous avons cherché à faire comprendre dans tout le cours de ce travail, c'est qu'on s'en prenait constamment, et le plus souvent à tort, à la concurrence de maux dont elle n'était pas la cause, mais qui au contraire résultent de monopoles oppressifs qui engendrent la misère et que le remède en était dans leur anéantissement et la constitution, la division de monopoles justes et légitimes. Nous allons rendre ceci plus clair par un exemple.

Considérons une grande étendue de terrain et supposons qu'elle appartienne à un seul propriétaire. Qu'il juge convenable de l'exploiter en pâturages, quelques pâtres suffiront pour la garde des troupeaux, tout individu venu au monde en sus de ce nombre ne pourra vivre sur ces terres, ne pourra y employer son énergie et son activité. Qu'il divise cette terre en fragments et la livre en location à un nombre très-grand de petits fermiers comme en Irlande, souvent il créera la misère irlandaise, chacun offrant un prix de location élevé pour obtenir les pommes de terre qui lui permettront de vivre ! Qu'il vende au contraire la terre à ces ouvriers, payable à des termes éloignés (et nous sommes persuadé que là est le seul remède à la misère de l'Irlande), devenu propriétaire, assuré de sa nourriture du lendemain, certain de jouir du fruit de ses sueurs, le travailleur fera bientôt rendre à la terre et de quoi en payer le prix et de quoi remplacer une famille de misérables par une famille de citoyens libres et heureux. Le monopole de la propriété est le même pour le grand et le petit propriétaire ; le résultat pour le bonheur général d'une nation est bien différent.

Ce qui est vrai pour la propriété agricole est vrai pour la propriété industrielle. Poussez à sa division par l'intervention de l'État, par la multiplication des monopoles justes et équitables qui opposent une barrière insurmontable au capital seul, et vous ferez disparaître le paupérisme qui suit la grande industrie, et vous créerez la richesse pour tous : non en dépouillant ceux qui possèdent, mais en permettant à ceux qui ne possèdent pas de se créer des propriétés nouvelles, au grand avantage de tous.

Éloge de la concurrence.

Si après avoir montré combien les critiques de la libre concurrence s'attaquaient surtout à des abus qui n'étaient pas nécessairement inhérents à la liberté du travail et pouvaient être évités par des correctifs convenables, nous passons aux apologistes de cette liberté, nous verrons qu'ils sentent bien qu'elle doit être soumise à certaines restrictions pour ne pas devenir oppressive. Nous le prouverons par le discours d'ouverture de 1848 du cours d'Économie politique, que professait au Collége de France, M. Michel Chevalier, un des plus vaillants défenseurs du principe de la liberté du travail.

« L'économie politique suppose l'individu placé dans la société avec les bénéfices et les charges de la liberté. La politique aujourd'hui considère l'homme comme étant assez éclairé, assez digne de confiance pour faire sentir l'influence de sa main sur le gouvernail de l'État. L'élection qui, dans les sociétés primitives, sous le régime théocratique où vécurent de grands empires, se faisait de haut en bas, maintenant, dans les sociétés les plus avancées, se fait de bas en haut; des *centaines de mille*, des millions d'individus y prennent part, et à ce titre s'immiscent officiellement dans l'œuvre compliquée du gouvernement de la société, et dans l'agencement délicat des relations internationales. Du moment que l'individu est investi par la politique d'attributions de cette importance, à plus forte raison doit-il être réputé capable de conduire ses affaires personnelles. Puisqu'il est supposé d'un jugement assez ferme pour que les accidents, les secousses et les périls qui surviennent sur l'orageuse mer de la politique ne le troublent pas, et pour qu'il marche droit sous le vent des passions publiques, à plus forte raison doit-il être regardé comme ayant en lui assez d'énergie et de ressources pour parer à toutes les difficultés que les vicissitudes de l'industrie peuvent lui susciter, en mettant à profit tous les moyens d'assistance qu'offre une société façonnée au travail, riche en capitaux, et non moins abondamment pourvue en sentiments d'une bénévolence mutuelle.

« Dans les anciennes sociétés, la majorité des hommes subissait dans son travail, comme dans le reste de son existence, un patronage excessif. Ce joug, jusqu'à un certain point, se justifiait par l'absence de discernement et de prévoyance chez la multitude. Le grand nombre était incapable de se ménager un avenir, un lendemain. Pour lui la liberté eût été un présent funeste. Aujourd'hui, le grand nombre est, de par la loi politique, et de par la valeur intrinsèque des hommes, mûr pour la liberté. La liberté est un bien qui lui est acquis dans la carrière de l'industrie comme dans l'arène politique. Ainsi la concurrence, par laquelle se manifeste dans l'industrie la liberté, n'est rien moins que la sœur jumelle de la liberté politique : c'est dire si elle doit être respectée.

« J'ai parlé des charges de la liberté. Dans l'industrie comme ailleurs, c'est un fardeau qui, s'il est glorieux, n'en est pas moins lourd ; et pour que les hommes pussent en recevoir le dépôt, il leur a fallu l'initiation d'une longue suite de siècles. Ainsi, dans les mystères des religions antiques, l'initié n'arrivait à la connaissance des secrets du sanctuaire, qu'après avoir traversé de formidables épreuves, après être passé par l'eau et par le feu. La liberté, qui élève notre âme, qui développe notre esprit et nous rend dignes de l'empire de la création, la liberté tant voulue de nos pères, la liberté, conquise à jamais, il faut le croire, par leurs héroïques efforts, fut le fruit d'une longue et pénible lutte. Ne nous abusons pas, messieurs, il n'est pas possible de la conserver sans de continuels labeurs. La vie de l'homme libre, on l'a dit, n'est point une tente dressée pour le sommeil. Le repos auquel cependant nous faisons tous profession d'aspirer, n'est point fait pour l'homme libre sur la terre. Il peut y avoir du repos dans l'esclavage, de même qu'il y en a dans la tombe. Il n'en est pas dans la liberté.

« Cette perspective d'une lutte sans fin dans la vie de l'homme libre a effrayé quelques esprits, et les a tellement émus qu'ils ont tourné le dos à la liberté. Toute lutte, lorsqu'elle est vive, a ses périls et ses angoisses. La liberté politique est semée d'écueils : la liberté de l'industrie, la concurrence, porte avec elle un aiguillon qui se fait quelquefois cruellement sentir. Des écrivains dont les appréhensions ont dans le public plus d'écho qu'on ne le croit, n'ont pu soutenir le spectacle de ces dangers et de ces peines, et c'est ainsi que, lorsque la société avait définitivement franchi le seuil de la liberté politique et industrielle, on s'est mis à parler de rebrousser chemin. Ceci, messieurs, n'a rien qui doive vous surprendre ; le cœur humain est sujet à ces variations, à ces inconséquences. L'histoire nous en offre mille exemples. Le peuple hébreu, lorsqu'il fut dans le désert, se mit à regretter son esclavage, parce que le régime des oignons d'Egypte lui souriait plus que celui de la manne dont il fallait se contenter avant d'arriver dans la terre promise.

« Les hommes qui voudraient supprimer la concurrence font à peu près de même, messieurs. Ce que je vois de plus clair dans leurs différents systèmes, c'est l'abandon de la liberté, c'est la perte de ce trésor acheté par tant de sacrifices. Quant aux oignons d'Egypte qu'on nous promet, je ne sache pas que le genre humain les savourât avant de s'être placé sous le drapeau de la concurrence. Je tiens pour constant qu'il était alors beaucoup plus misérable qu'en ce moment ; et je me méfie des fruits exquis que les adversaires de la concurrence nous montrent en perspective et nous font admirer en peinture. Seule, la liberté, messieurs, nous donnera l'adresse et la force nécessaires pour récolter abondamment les biens de la terre, de même que seule elle soutient notre pensée dans ses efforts pour escalader le ciel et ravir à la sagesse divine ses secrets.

« La concurrence ne place pas nécessairement l'homme dans les conditions désespérées qu'on a représentées. Elle lui impose une lutte, gymnastique salutaire pour son âme, tournoi où le prix est remporté par la société elle-même, encore plus que par l'individu qui triomphe. Je crois vous l'avoir montré dans un des cours précédents, la concurrence est la source d'où découlent presque tous les perfectionnements industriels dont l'influence sur la prospérité publique et sur l'avancement des sociétés est si grande. Et quoique la concurrence oblige l'homme à mettre sans cesse en jeu son ressort personnel, quoiqu'elle lui rappelle continuellement qu'il est le dépositaire de ses propres destinées, elle ne le condamne pas pour cela à l'isolement. De ce que la concurrence sera la loi industrielle, il ne faut pas conclure qu'il n'y a plus dans l'industrie que des spadassins solitaires, tirant les uns sur les autres, chacun du sommet de la colonne où, Stylite d'un nouveau genre, il se serait perché. Les sages qui ont recommandé le régime de la concurrence, n'ont pas dit à l'homme d'effacer de son cœur l'honneur, la probité, la dignité, non plus que la bienveillance. Ils lui ont dit qu'il était l'émule de ses semblables, et non pas qu'il était leur ennemi et qu'il eût à choisir, de faire son prochain sa proie, ou d'en être dévoré lui-même.

« La concurrence, messieurs, a un complément dans un autre sentiment qui, grâce à Dieu, ne s'éteint pas sur la terre, qui gagne du terrain chaque jour au lieu d'en perdre, le sentiment de la solidarité, de la fraternité, de la charité. Arrachez du cœur humain ce sentiment généreux et doux, alors, je l'admets, la concurrence sera un fléau ; elle agira sur la société comme un dissolvant ; elle isolera tous les hommes. Un savant philosophe l'a dit, l'isolement est le cachet des sociétés naissantes qui ne sont pas cimentées encore, ou des sociétés caduques qui s'en vont en poussière. La science physique enseigne que tout corps matériel résulte de l'équilibre variable mais continu de deux forces, l'une qui tend à séparer les molécules, l'autre qui tend à les rapprocher. Ces deux forces doivent se retrouver et se retrouvent à un haut degré de puissance dans toute société passablement constituée. Elles consistent, l'une dans le sentiment de la liberté manifesté en industrie par la concurrence, l'autre, dans ce qui est à la fois l'essence de la religion, la source de la sociabilité, ce que je nommais tout à l'heure la solidarité, la fraternité, la charité.

« L'économie politique suppose ainsi l'existence simultanée de la concurrence et du sentiment chrétien, que vous appellerez comme il vous plaira, l'association ou la charité. Ce ne sont pas deux principes en antagonisme; ce sont deux forces qui concourent à constituer la société, et dont la double présence est une mutuelle garantie contre des excès opposés. Ainsi, messieurs, lorsque l'économie politique vous vantera la concurrence, gardez-vous de la considérer comme une science sans entrailles, qui, à la façon de l'impitoyable génie de la guerre, au gré duquel les hommes ne sont que de la chair à canon, poursuivrait les progrès de la production, en broyant les générations sous les roues de fer de son char. L'économie politique, en même temps qu'elle voit dans l'homme une force productive, n'oublie pas que c'est un être pensant, un être aimant. Ce n'est pas elle qui a pour mission de développer en lui les facultés pensantes et aimantes; mais elle les reconnaît, elle les signale et elle y cherche son point d'appui. Elle suppose que rien n'est négligé de ce qui peut fortifier à la fois chez l'homme le triple ressort de l'intelligence, de l'activité et de la sympathie. Elle part de l'hypothèse que mille institutions tutélaires existent dans la société; que celui qui sait et veut travailler, et qui a besoin de travail, en obtient ce qu'il lui en faut; que le riche et le fort envisage dans le faible et le pauvre son frère selon la religion, son égal devant la loi ; que l'association et la charité adoucissent les frottements, tempèrent les chocs, rapprochent les extrêmes et multiplient les ressources ; qu'il n'y a de délaissé que celui qui s'abandonne lui-même, de paria que l'homme vicieux ou celui qui est lâche au travail. Elle suppose que tout cela est parce que cela doit être, et que hors de là elle n'aperçoit que désordre ou tyrannie. »

Les sentiments que M. Chevalier exalte avec raison comme équilibrant la concurrence, sont-ils suffisants aujourd'hui, ne doivent-ils pas se traduire en institutions basées sur la fraternité, la mutualité, assurant au plus digne la rémunération à laquelle il a droit? cela ne peut être douteux. L'insuffisance de celles qui existent aujourd'hui est évidente et laisse l'individu désarmé, sans capital, à la disposition des bons sentiments, le plus souvent douteux, du plus fort. Le principe de la fraternité doit s'incarner dans des institutions, des associations protectrices, plus complétement que cela n'a eu lieu jusqu'ici. C'est ce que nous avons cherché à indiquer ; mais cela étant, nous ne voyons pas ce qu'on peut objecter aux arguments du savant économiste.

CHAPITRE XIII.

CONCLUSION.

Nous voici arrivés à la fin d'un travail qui a pris des dimensions un peu plus étendues que nous ne l'avions pensé. Cependant la question est tellement vaste, est liée si intimement à toutes les questions politiques et sociales, car l'industrie c'est la société même dans sa manifestation matérielle, que nous ne savons pas si nous n'avons pas passé trop légèrement sur bien des points. Nous espérons cependant avoir fait apprécier comment les institutions actuelles devaient se développer, pour donner à l'industrie française tout l'éclat, toute la prospérité qu'on peut souhaiter.

Nous sommes donc en mesure de répondre au cri des classes laborieuses, qui, après de longues souffrances, se trouvant maîtresses du pouvoir après une victoire inouïe, ont résumé toutes leurs aspirations dans une seule formule : l'*Organisation du Travail*.

Qu'entendaient-elles par ces paroles ?

Le Communisme? nul n'oserait le soutenir aujourd'hui : l'expérience a été trop positive, trop complète pour que le moindre doute puisse exister à cet égard. On se rappellera longtemps sans doute l'admirable spectacle qu'a donné à cet égard le travailleur parisien. Maître de la ville, siégeant au Luxembourg par ses délégués, ayant placé à sa tête les hommes qui lui avaient promis le remède à tous ses maux, prêt à obéir à leurs ordres, à briser toutes les résistances qui ne pensaient même pas à se produire, qu'a-t-il fait ? Il a attendu patiemment le mot d'ordre, il a prêté l'oreille aux prédications de M. L. Blanc, revêtu alors d'un rôle éminent qu'il eût pu remplir si utilement pour le pays ! Tant qu'il a entendu faire la critique du temps qui venait de finir, décrire les souffrances qu'il venait d'endurer, il a applaudi franchement. Lorsque, exalté par tous ces préparatifs, il est enfin arrivé à entendre formuler le remède à tous ces maux, et que M. L. Blanc, dans un fort beau langage, au nom de la fraternité, est venu lui indiquer comme seul remède possible l'égalité des salaires comme conduisant à la réalisation d'un système où chacun produirait suivant ses forces et consommerait suivant ses besoins, c'est-à-dire au communisme pur, le travailleur a baissé la tête tristement. Son admirable bon sens lui a fait sentir qu'on lui prêchait je ne sais quel retour à la barbarie; et cependant l'idée du communisme chez lui qui avait tant souffert pouvait être excusable, car c'est la forme naturelle de la protestation de celui qui souffre contre l'organisation sociale. Dès ce moment il s'est effacé de la scène, il a cessé les démonstrations publiques qu'il répétait chaque jour et a attendu avec courage que la reprise des affaires lui rouvrît la porte de l'atelier.

Jamais ne sortira de notre mémoire le spectacle auquel

nous avons assisté le 16 avril, jour de cette grande démonstration de la garde nationale, qui a manifesté clairement la volonté de toute la nation de maintenir l'ordre dans la liberté.

Nous avons rencontré sur les boulevards une compagnie de garde nationale vraiment admirable. 400 hommes au moins, tous en blouse, portant légèrement un fusil dont ils paraissaient prêts à faire un vigoureux usage, criaient d'une seule voix bien puissante : *à bas les Communistes!* En apparence le cri pouvait paraître bizarre, car à juger par le costume, ceux qui le proféraient ne devaient pas gagner beaucoup plus que leur nourriture de chaque jour, et avec une sécurité moindre que celle que leur promettait le communisme. Pour comprendre cependant, il suffisait de regarder ces têtes intelligentes et fières : pas un d'eux peut-être ne possédait la moindre chose ; pas un sûrement n'eût voulu faire abandon, même à un prix élevé, de sa richesse future, n'eût voulu abdiquer pour un *plat de lentilles!* C'est qu'ils se sentaient mille fois trop intelligents pour vouloir aliéner la fortune et le succès qu'ils avaient la confiance de pouvoir acquérir à force d'activité, de travail et souvent de génie.

Sans doute tous n'arriveront pas, hélas! parce qu'il n'y a rien de parfait dans ce bas monde, et que le succès ne peut jamais être garanti ; mais ils se sentaient des soldats de ces corps d'élite, tels que la vieille garde, qui ne pouvaient pas tous obtenir la croix d'honneur sur le champ de bataille, mais l'espéraient parce qu'ils s'en sentaient tous dignes.

Mais puisque le peuple, dans son bon sens, rejetait le communisme, cette utopie de la misère, que signifiait donc ce cri après la victoire. Organisation du travail?

Il faut le dire, ces mots n'étaient qu'un emprunt fait à des publicistes qui croyaient avoir trouvé une recette pour les maux que ressentaient les classes laborieuses ; mais celles-ci s'inquiétaient peu de la nature du remède, pourvu qu'il fût souverain. Ce qu'elles voulaient, c'était *l'amélioration du sort de l'ouvrier, l'abolition de la misère du travailleur qui ne trouve pas d'ouvrage*. C'était encore une fois la devise des Lyonnais : *Vivre en travaillant*. Qu'un gouvernement tende à atteindre ce but, qu'on le voie diriger vers lui ses efforts intelligents, et nous lui garantissons la sympathie et l'appui dévoué des travailleurs, que ce système s'appelle ou ne s'appelle pas l'organisation du travail.

Ce désir ardent se comprend facilement quand on a vécu avec les ouvriers pendant une période de crise industrielle semblable à celle que nous venons de traverser. Lorsque les travaux venant à diminuer, l'ouvrier se trouve sans ouvrage, est obligé de parcourir inutilement tous les ateliers sans pouvoir y travailler, et qu'il lui faut rentrer chez lui dire à sa femme et à ses enfants qu'il ne rapporte même pas l'espoir de pouvoir manger le lendemain, certes il endure alors une de ces affreuses misères auxquelles la société doit porter remède. Une taxe du travail pourra coûter fort cher ; mais il ne faut pas que sur la terre de France, un ouvrier laborieux puisse mourir de faim.

Remarquons que ce n'est que dans les limites de l'esprit de charité qu'une semblable taxe peut être établie ; car son montant prélevé sur les travailleurs actifs, vient priver ceux-ci du fruit de leurs travaux. Ce n'est donc pas tout à fait ce que les socialistes entendent par le droit au travail. Non, à notre avis, l'individu n'a nul droit d'exiger de la société quand celle-ci est juste et équitable pour tous, des sacrifices prolongés pour défrayer convenablement un travail dont elle n'a que faire, avec l'impôt qu'elle prélève sur d'autres travailleurs. Oui, la société doit s'occuper du sort de chacun de ses membres, l'empêcher d'éprouver la misère; mais s'il ne rentre pas après un certain temps dans les cadres ordinaires, la société a le droit d'exiger l'emploi qui lui est le plus avantageux de son activité. Si on avait agi ainsi, l'Algérie serait peuplée aujourd'hui à l'aide de l'argent qui a servi à soutenir la misère en France.

Il faut avoir le courage de proclamer la limite du devoir de la société avant le droit de l'individu. Tâchons d'éviter autrement que pour l'accomplissement de grandes œuvres, l'importation de la taxe des pauvres d'Angleterre en France; en tous cas c'est un palliatif, ce n'est pas un remède. Il n'y en a qu'un, c'est d'assurer la prospérité de l'industrie sur des bases inébranlables, de manière que la production toujours croissante rencontre une consommation également croissante par l'élévation perpétuelle du niveau général de la richesse de tous.

C'est là le but de cet écrit, qui présente, si l'on veut, un système d'organisation du travail dans la liberté.

Rappelons sommairement les principes que nous avons établis, les résultats auxquels nous sommes arrivés par l'étude de ce qui existe, et non par des jeux d'esprit, des fictions auxquelles on n'a que trop de tendance à s'abandonner aujourd'hui.

En considérant d'abord la grande industrie de notre pays, celle qui à elle seule occupe deux fois plus de bras que toutes les autres industries ensemble, nous avons été frappé de ce phénomène bien remarquable: c'est que du sein de la classe agricole nulle réclamation n'a été formulée contre la constitution économique de cette industrie. C'est qu'elle s'en tient à celle qu'a produite la révolution de 89, qu'elle se trouve satisfaite par la division de la propriété, par le morcellement de la terre. Passant ensuite en revue les autres industries productives de la France, qui semblent devoir, *a priori*, posséder toutes la même constitution économique que l'agriculture dans un même pays, car elles résultent clairement des mœurs d'un peuple, des lois civiles et des lois de succession (partage égal entre les enfants en France, droits d'aînesse en Angleterre), nous avons constaté ce fait curieux : c'est que les fabrications qui font la gloire de l'industrie française, qui luttent avec avantage contre celle de l'étranger et donnent lieu à un commerce d'exportation important, s'exploitent sous forme démocratique, c'est-à-dire que la propriété industrielle y est divisée en un nombre très-grand de possesseurs des instruments de travail, que l'exploitation s'y fait en petits ateliers. Celles au contraire qui s'exploitent en grandes manufactures, sous une forme évidemment empruntée à l'Angleterre, s'acclimatent difficilement en France ; et ce n'est qu'à l'aide de la protection des douanes qu'on est parvenu, grâce aussi aux efforts d'habiles ingénieurs, de courageux fabricants, à donner quelque prospérité à ces grandes *factories*, prospérité qui n'a pu cependant, dans le plus grand nombre de cas, permettre à leurs produits de dépasser les frontières de la France, dont le marché leur était réservé par la protection douanière, et d'aller lutter avec l'industrie anglaise sur les marchés étrangers. Nous avons dû conclure avec raison que cette forme d'organisation industrielle n'était pas celle qui convenait aux mœurs, au caractère de notre nation, et que les encouragements de l'État ne devaient pas être exclusivement réservés, comme ils l'ont été jusqu'ici, à la constitution de ces grandes propriétés industrielles, de ces grands monopoles inabordables pour la presque totalité de la nation, et dont les progrès sont fatalement accompagnés de ceux de la misère des agglomérations nombreuses d'ouvriers auxquels l'abord de la propriété est interdit, comme le prouve l'expérience à Reims, à Mulhouse, à Saint-Quentin, comme à Leeds et à Manchester.

Nous en sommes ainsi arrivé à étudier ces monopoles dont la concentration, avant la Révolution de Février, tendait à grandir, et à constituer au profit d'un petit nombre ce qu'on appelait la féodalité financière. Amené ainsi à traiter des monopoles ou du privilége, de la concurrence ou de la liberté, nous avons établi :

Que le monopole illimité, c'était pour les classes déshéritées, le servage et la misère.

Que la concurrence illimitée était souvent aussi cause de misère en permettant, par la lutte de tous, le monopole réel du plus fort, du plus riche. Elle est alors une guerre où celui qui a le plus d'écus, détruit celui qui en a le moins, où la victoire est encore du côté des gros bataillons. En dehors donc des industries locales, des industries où l'habileté, le goût du travailleur est la cause prédominante de succès, la concurrence illimitée conduit encore au monopole. On en peut citer mille exemples : les messageries, les grands magasins de nouveautés à Paris, la librairie *libre* de la Belgique, etc.

Que de même que les progrès de la centralisation en créant les armées modernes, ont produit une force infiniment supérieure à celle des troupes des seigneurs féodaux, de même l'intervention de l'État, de l'association de tous dans la production industrielle pour concentrer les efforts communs au profit de tous, peut produire des résultats infiniment supérieurs à ceux de l'industrie féodale, et que l'apanage de tous ne peut être abandonné à quelques-uns sans un droit personnel de ceux-ci.

Qu'enfin la liberté de chacun étant un droit, que la société ne peut confisquer, le produit de cette liberté était une propriété, un juste monopole incontestable; qu'une société était d'autant plus parfaite que l'on y respectait mieux l'axiome : *Chacun est propriétaire et responsable de ses œuvres*, que le citoyen trouvait plus de facilités pour pouvoir développer son être et créer des richesses qui produisaient le bien-être et l'indépendance d'une famille tout en accroissant les richesses sociales. De la sorte la concurrence ne se trouvant limitée que par les nouveaux progrès dans toutes les directions, ces monopoles offrent le moyen de régulariser la concurrence tout en étant une source perpétuelle et sans cesse renaissante de progrès infinis.

De ces principes qui nous semblent à l'abri de toute discussion, résultent naturellement les applications que nous en avons déduites, la voie dans laquelle nous souhaitons voir se développer l'industrie française.

Plus de monopoles conférés par la législature pour l'exploitation d'industries d'un intérêt tout à fait général; à l'Etat seul, à l'association de tous, les voies de transport, les routes, les grandes lignes de chemins de fer, où le transport doit, dans le plus grand intérêt de tous, être abaissé au plus bas prix possible. L'association de tous les citoyens doit satisfaire directement ces grands intérêts sans délégation aucune, sans créer au profit de quelques-uns des monopoles, source de beaucoup d'autres nullement justifiés et inattaquables malgré tous les efforts de la capacité et de l'énergie individuelles.

A l'Etat, avec ou sans impôt, suivant les besoins du trésor, les grands services de distribution, sur toute la surface du territoire, des substances dont le bon marché importe à tous et ne peut résulter que d'une vaste et unique centralisation : Régie des postes, du tabac, du sel, etc.

Intervention de l'Etat dans l'exploitation des mines pour fournir à l'industrie du pays les matières premières à bon marché et fonder ainsi sa prospérité, sa supériorité relativement à celle des autres nations sur une base inébranlable ; en faisant cependant avec soin la part de l'activité individuelle, en réservant à l'individu toute la rémunération due à sa production, tout le fruit du travail.

Intervention des municipalités, des communes, associations de second ordre relativement à celle de la nation entière, mais encore souvent bien puissantes pour prendre à leur charge partie du fardeau, du gros capital nécessaire à l'établissement des manufactures à l'anglaise ; les dépenses étant dirigées pour constituer par l'ensemble de la fabrication de la commune entière, un tout bien plus important qu'une de ces fabriques, en même temps que la division du travail poussée beaucoup plus loin, croissant avec la division de la propriété industrielle et secondée par l'énergie qui résulte de celle-ci chez le travailleur, rendrait ce mode d'organisation supérieur à tout autre, même au point de vue du bon marché de la production.

Intervention de l'État et des municipalités dans le commerce, pour réagir contre l'agiotage et l'accaparement des matières premières, affranchir le véritable producteur de richesse de la pression exagérée qu'exerce souvent sur lui le marchand. Généralisation du système d'entrepôts et de warrants, du système de marchés publics et prêts sur consignation. Enfin, marques d'origine obligatoires toutes les fois que cela est possible, pour établir une communication directe entre le producteur et le consommateur.

L'organisation industrielle ainsi débarrassée des monopoles qui existent à sa tête, puisqu'au lieu d'être exploités au profit de quelques-uns, ils le seraient au profit de tous, reste toute l'industrie proprement dite, toute celle qui crée les produits par le travail, qui transforme à l'infini les matières premières.

La liberté étant la règle absolue, sans exception aucune, l'influence des concessions privilégiées, de la concentration des machines dans d'immenses ateliers, des grands capitaux dans le commerce, se trouvant singulièrement diminuée, l'individu tendra à se précipiter avec grande énergie dans une voie où les concurrents portent des armes pareilles aux siennes.

De cette concurrence universelle résulteraient par les doubles emplois, la lutte destructive, du capital dans le plus grand nombre de cas le monopole absolu du plus riche et du plus audacieux, si aucune limite n'était fixée. Une seule limite est juste : la propriété pour chacun de ses œuvres, du produit de son intelligence comme de ses bras, ce qui n'est que de l'équité de la part de la société qui reconnaît le service qui lui est rendu, par la propriété de l'œuvre due au génie, au mérite en tous genres. Ce sont là les monopoles justes, sensés, apportant à la concurrence les limites résultant de droits sacrés, évitant la déperdition des forces au grand profit de la richesse générale, et faisant jouir de partie de ces avantages l'auteur du progrès de la richesse sociale. Non seulement dans ce cas le mot admirable de Franklin serait toujours parfaitement vrai : *L'homme qui enseigne aux ouvriers qu'ils peuvent changer leur sort autrement qu'avec beaucoup de travail et d'économie est un empoisonneur* » ; mais encore la richesse suivrait immédiatement l'œuvre du génie et de la capacité, qui, dans une voie déblayée d'obstacles insurmontables, deviendraient les seuls moyens d'arriver immédiatement en tête.

Nous avons conclu de ceci la nécessité d'augmenter les priviléges, les droits de la propriété littéraire et artistique, des brevets d'invention, des marques de fabrique, etc. : en un mot, d'agrandir la propriété industrielle, propriété toute personnelle, due entièrement au travail et à la capacité ; de la débarrasser de mille obstacles qui empêchent dans la pratique les plus méritants d'obtenir de la société la reconnaissance et la protection de leurs droits. Ou l'absence de toute liberté, dans l'atelier de M. L. Blanc ou le monopole du plus riche, ou le monopole du plus capable, de celui qui rend un service réel à la société, qui accroît la richesse nationale : voilà les trois termes entre lesquels il faut nécessairement choisir, et nous ne croyons pas qu'on puisse hésiter longtemps.

Mais si le travail et la capacité se trouvent les seuls moyens de fortune, le devoir du pouvoir social doit être de fournir à tout citoyen le moyen de développer sa capacité, le moyen de produire par son travail.

Le premier but sera obtenu par le développement de l'instruction primaire déjà solidement fondée en France, la fondation de nombreuses écoles professionnelles analogues à celle dont Lyon nous fournit le modèle, le complément donné à l'instruction supérieure, dans les Facultés et au Conservatoire des arts et métiers, remplissant la fonction de rapprocher des applications industrielles, les résultats des sciences les plus élevées.

Le moyen de mettre toujours le travailleur en position de toujours produire, réside dans les institutions de crédit. Tandis que l'État exercerait une surveillance assidue sur les établissements chargés d'assurer la circulation du pays, à l'aide de signes ayant toute la valeur que mérite la garantie de l'association générale d'une grande nation, des associations privées ayant l'ardeur, l'énergie d'entreprise qui ne saurait se concilier avec la prudence de l'État même, créeraient de nombreuses banques de crédit, cause perpétuelle de production et de consommation en même temps. Avec toutes celles de ces mutualités qui, par le nombre et la solidité des contractants, l'importance des réserves, etc., seraient parvenues à donner à leurs valeurs de circulation tout crédit, l'État, la caisse centrale, échangerait ces valeurs contre les billets partout reçus, rendant en quelque sorte universels à la limite, les billets des banques qui jusque-là n'avaient cours que dans un certain cercle d'associés.

S'il est vrai, comme on n'en saurait douter, qu'une révolution politique se traduit toujours en une révolution sociale, dans une société industrielle c'est dans la manière dont le crédit se donne que la transformation doit être sensible. C'est dans le crédit que l'association peut s'établir sur une grande échelle, que l'aide puissante de l'association de tous peut s'introduire au nom de la fraternité sans confisquer la liberté, l'individualité. C'est par le prêt du capital aux classes laborieuses que peut se réaliser le droit au travail, car celui-ci ne peut exister que par la disposition du capital. Or dans le système que nous avons indiqué ne sent-on pas un progrès immense? A l'aide d'une prime de mutualité, tout citoyen capable, jouissant d'un crédit personnel, dont l'énergie, la moralité, l'esprit d'invention, etc., auront pu être appréciés, trouvera toujours une association pour l'adopter, une véritable commandite pour féconder ses travaux. Toujours producteur, toujours consommateur par cela même, le travailleur laissera bien loin derrière lui les idées d'aumône, de secours, de commandite de l'État; il ne devra rien qu'à lui même.

Que l'on cherche à se figurer pour un instant cette société, et qu'on y suive le sort de l'ouvrier.

Enfant, il est instruit à l'école primaire, puis à l'école secondaire ou bien entre en apprentissage; mais le soir va à l'école professionnelle. Sûrement devenu avec cette assistance un ouvrier habile, il trouve, vu la prospérité générale des affaires, un salaire élevé, qui lui permet de faire quelques économies, qui placées à la caisse d'épargne s'accroissent de l'intérêt qu'elles rapportent.

Bientôt, soit seul, soit avec quelques camarades, avec lesquels il s'associe, ayant toute connaissance de leur habileté et de leur moralité, il s'établit et est reçu dans une mutualité qui leur offre le crédit que mérite leur capacité. Grâce à l'aide qu'ils rencontrent, à leur énergie, ils produisent, et dans des conditions aussi avantageuses que quiconque, plus avantageuses même bien souvent. Le succès sera donc fréquemment la récompense des efforts de notre ouvrier, il le sera sûrement si, par l'invention d'un outil, d'un système de fabrication, d'un dessin, etc., dont il aura déposé la description chez le magistrat, il est assuré de jouir du fruit de sa combinaison.

La fortune ou au moins le bien-être paraît donc assuré

à tout travailleur intelligent et courageux. Sans doute il se trouvera encore des individus paresseux, incapables ou vicieux, que l'ambition, la plus vivace des passions, ne saisira pas, et qui verront sans faire de grands efforts leurs camarades s'élever de tous côtés autour d'eux. Peut-on empêcher une société de compter des êtres incomplets dans son sein? ce sont des mineurs qui resteront toujours en bas, parce que *là est leur place* ; mais qui n'en profiteront pas moins de la richesse générale par l'augmentation des salaires qu'ils obtiendront pour leur travail.

Comme on le voit facilement, nous en arrivons à faire venir l'association au secours de l'individu isolé. Mais, dans l'emploi de l'association, préconisée aujourd'hui par beaucoup de personnes comme principal remède à tous les maux, on doit distinguer deux choses très-différentes au fond, bien qu'on les comprenne sous une même dénomination générale ; à savoir :

1° L'association ne possédant qu'une propriété indivise, système de tous les socialistes, qui donnent à cette propriété commune à tous divers noms suivant les écoles, ateliers nationaux, phalanstères, propriété nationale, etc.

2° L'association de propriétaires qui réunissent leurs ressources pour avoir les avantages de la grande propriété en vue d'un but spécial et sans rien aliéner de leur droit entier de propriété.

Est-il besoin d'insister pour faire comprendre comment le bien qu'on peut espérer réaliser dans le premier système, se réalisera également dans le second; mais avec cette immense différence que celui-ci respectera la liberté?

C'est par l'association que la propriété peut se diviser

sans faire naître les inconvénients qui pourraient résulter d'un morcellement indéfini.

Ainsi, dans certaines provinces de la France, chaque paysan propriétaire d'une si petite étendue de terre qu'il ne peut posséder ni charrue, ni bœufs, ni, par suite, d'engrais.

Aussi dans plusieurs communes s'est-il fait des associations pour acheter une charrue communale en quelque sorte, et des bœufs que chaque associé nourrit une certaine partie de l'année.

L'autorité départementale interviendrait pour déterminer la forme de ces associations et les aider, constituer un syndicat, etc., que nous y applaudirions fort. Car c'est un moyen de rendre plus profitable la petite propriété, c'est-à-dire celle de la masse de la nation.

Ce que nous disons ici de la propriété agricole s'applique, nous l'avons déjà souvent montré, à la propriété industrielle. Ce n'est pas plus parce qu'il existe des machines, ou un instrument de production qu'on appelle la terre, que l'on voit des populations livrées à la misère, au paupérisme; c'est parce qu'il y a appropriation de ces machines, de ces terres, concentration entre un petit nombre de mains de leur propriété, et des produits qu'elles servent à créer. C'est donc encore une fois la division de cette propriété qui est le but désirable, et c'est l'association qui peut permettre à cette division d'être poussée très-loin, sans qu'il en résulte un moyen de production désavantageux relativement à ceux que peut combiner l'agglomération. C'est dans ce dernier fait que se trouve la cause principale des succès de l'industrie anglaise, et c'est l'espoir d'indiquer la voie dans laquelle notre démocratie industrielle (la seule forme possible d'organisation de l'industrie dans une république démocratique) pourrait lutter avec avantage contre les *lords* du fer et du coton comme disent les Anglais, qui nous a constamment préoccupé dans cet essai.

Mais si l'association libre est éminemment désirable, l'association forcée qui sacrifie la liberté de tous doit être énergiquement repoussée. Or la forme de l'association qui seule n'engage d'aucune manière la liberté de chacun, c'est la *mutualité*, c'est là la nouvelle base sur laquelle doit reposer le crédit. C'est alors que l'on verra nos banques de crédit trouver avantage à ouvrir des crédits de caisse aux petits producteurs comme le font les banques d'Écosse, sous la garantie de cautions. C'est ce qu'a bien senti un grand publiciste, M. Lamennais, dans le passage suivant, où seulement le mot association devrait être remplacé par celui de mutualité.

« Quiconque, dit-il, peut offrir une hypothèque, un gage réel, trouve aisément un capital correspondant à la valeur du gage, au moyen de la transaction nommée prêt. Pourquoi le travailleur qui ne possède rien ne peut-il emprunter le capital qui achèverait de l'affranchir? Parce qu'il n'a d'autre gage à offrir que son travail futur dépourvu de valeur vénale, et il n'a point de valeur vénale, parce qu'il n'est pas encore, et qu'il peut n'être jamais, à raison de la maladie et de la mort possible. Car, du reste, un travail certain est un gage réel et le meilleur peut-être. Pour que le travail futur devienne un gage réel, il faut donc qu'il devienne certain, et il le devient par l'association. La solidarité de ses membres élimine les causes d'incertitude qui, en altérant la valeur du gage éloignent le prêt. »

Nous ne savons si nous nous faisons illusion ; mais il nous semble qu'avec une organisation de l'industrie semblable à celle que nous venons d'esquisser, une société chez laquelle les idées d'égalité sont si profondément gravées, les connaissances si répandues, que dans la nôtre, doit arriver à un développement industriel inouï, et la France devenir un atelier immense fécondé par le travail. Aujourd'hui cependant tout est arrêté : le commerce tout entier liquide ses opérations passées et n'en fait plus de nouvelles ; les marchandises restent dans les magasins des commerçants, ou n'en sortent que pour aller remplir les espèces de monts-de-piété qu'on vient de leur ouvrir. Le travail diminue partout et s'arrêtera quand les avances auront disparu, comme une machine à vapeur qu'on n'alimente plus de combustible.

Cependant rien de plus pressant que d'éviter cet arrêt. — Ou l'idéal que nous avons représenté, ou une situation affreuse, car la consommation détruit chaque jour les richesses accumulées et la nation avance à grands pas dans la misère ; encore quelque temps et l'édifice industriel dû à cinquante ans d'efforts persévérants va s'écrouler et disparaître, comme si le sol de la France était incapable de le porter.

Que faut-il pour éviter à notre industrie cette nouvelle révocation de l'édit de Nantes, que faut-il pour faire sortir la France industrielle de sa torpeur actuelle et l'amener à un degré de prospérité et de richesse dont nous n'avons nulle idée, dans cette ère nouvelle qui sera le règne du travail ? Une seule chose, ou au moins une chose par-dessus tout, avant toutes.

Cette chose, c'est la reconnaissance *formelle* du droit le plus sacré de tous, reconnaissance non d'une assemblée seulement, mais de la nation tout entière dans des journées comme celle du 16 avril ; du droit de chacun à récolter le fruit de son travail, de jouir de la propriété de ce qu'il crée, moyen unique de faire renaître le travail, source de toute richesse.

Quand pour tous se seront dissipés les nuages qui ont pu obscurcir un moment une notion si évidente que personne n'a osé l'attaquer franchement, si plusieurs ont cherché à l'ébranler par voie détournée ; quand la certitude du respect de la propriété régnera dans les esprits, malgré même une certaine agitation publique, le commerce et l'industrie reprendront leur cours, et à l'aide d'une organisation plus juste que n'était l'ancienne, forçant avec une tout autre énergie la production et la consommation, amenant les instruments de travail sous la main de tous ceux qui possèdent activité et talent, fera naître une prospérité sans exemple jusqu'à ce jour.

Du courage donc chez tous les bons citoyens pour ne laisser contester à quiconque la propriété de son travail ; du courage chez tous ceux qui ne veulent la ruine de personne, mais au contraire l'enrichissement de tous. Du courage surtout chez les dépositaires du pouvoir, qu'ils sachent bien qu'il n'y a qu'un remède à tous les maux qu'engendre le manque de confiance, ce remède c'est de faire renaître la confiance, de rassurer la propriété par leur énergie, leur sagesse, leur dévouement, leur franche opposition à de funestes doctrines. Malheur à ceux qui contre un gouvernement prenant sa base dans le suffrage universel de la nation oseraient faire appel à la violence et à la terreur, pour faire triompher de malheureuses théories, et changer un magnifique avenir en une certitude de misère et de déchirements ! Puisse retomber sur leurs têtes le sang qu'ils feront couler !

NOTE I.

De l'administration.

Placé entre les socialistes qui veulent tout faire faire par l'État, personne mystérieuse, infaillible, ayant toujours des trésors inépuisables à sa disposition ; et les économistes qui nient tout avantage à cette intervention, qui professent la théorie du gouvernement-ulcère, ne réclament que la liberté absolue, complète du travail, et refusent de reconnaître qu'il puisse en résulter le moindre inconvénient : nous avons cherché à indiquer comment, dans quelles limites, devaient se combiner en vue de l'intérêt général, la liberté et l'autorité, l'indépendance de l'individu et le pouvoir de la société.

C'est, nous l'avons dit, c'est avec l'aide du pouvoir central que la liberté en droit peut demeurer pour tous la liberté en fait ; de lui seul, les classes laborieuses peuvent obtenir l'appui nécessaire pour accomplir rapidement les progrès si nécessaires aujourd'hui. Certes le système du *moindre gouvernement* a donné de beaux résultats aux États-Unis, sur lesquels il y aurait bien quelques observations à faire, mais en outre dans des circonstances bien favorables, et surtout, qu'on ne l'oublie pas, avec la race anglaise. En serait-il de même partout ? Cela est fort douteux. Voyez ce que l'application du même système a produit dans l'Amérique espagnole, au Mexique, etc. !

Si l'on réfléchit à la centralisation qui fait la force de notre pays, aux ressources immenses que peut fournir pour produire le bien général, la direction par le pouvoir central des forces de toute la nation, on comprendra tout l'avantage qu'il y a à conserver en France une administration puissante et éclairée.

Il faut bien le dire, aujourd'hui surtout, que les illusions les plus fâcheuses ne se sont que trop répandues à cet égard. Les formes de gouvernement ne sont pas un but, mais un moyen ; un pays n'est pas nécessairement heureux par cela seul qu'il est en république, qu'il possède une assemblée élue par le suffrage universel. Il faut encore que cette assemblée soit éclairée, voie le bien ; et c'est une administration vigilante, disposant de tous les documents, ayant la tradition des meilleurs usages, l'expérience des divers systèmes qui peut venir lui indiquer les bonnes mesures à adopter, et celles-ci votées, les appliquer immédiatement, intelligemment sur toute la surface du pays.

Dans la question du travail notamment, comment favoriser les progrès de l'industrie, comment lui imprimer une heureuse impulsion, si on ne dispose que d'une administration impuissante, systématiquement étrangère aux intérêts industriels ?

Nous nous faisons généralement en France une très-fausse idée de l'administration. Comme elle apparaît le plus souvent à nos yeux sous la figure du fisc ou de la justice, nous ne concevons guère son utilité que dans des circonstances où elle vient gêner notre liberté ou tirer de l'argent de nos poches. Son rôle n'est pas cependant limité à cette tâche. Voyez les corps des Ponts-et-Chaussées et des Mines, les Administrations des Postes, des Tabacs, etc., est-ce qu'ils ne sauvegardent pas bien les intérêts généraux de la société qui leur sont confiés ? Certes il y a là, comme dans toutes les choses humaines, des imperfections ; mais somme toute, ces institutions sont au nombre de celles dont notre pays peut le plus légitimement s'enorgueillir.

Mais pour passer de l'administration actuelle, héritière cependant encore des traditions des grandes conceptions de l'époque impériale, à celle qui doit remplir, à la satisfaction générale, les nombreuses fonctions qui vont lui être imposées, il faut certes encore bien des progrès. Qu'on réfléchisse en effet à la mission que le pouvoir exécutif est contraint d'accepter aujourd'hui que chaque citoyen a des fonctions politiques à remplir, a le droit, au nom de sa part de souveraineté, de venir réclamer le concours de la société, dans presque toutes les circonstances de son existence. Et il s'agit, qu'on ne l'oublie pas, d'un pays qui compte 35 millions d'habitants!

Nous croyons que l'on pourrait résoudre les principales difficultés par la constitution de grands corps administratifs, jouissant d'une certaine indépendance, et qui, sous la surveillance du pouvoir politique, assureraient chaque grand service public. C'est ainsi qu'opère le génie militaire en vue de la défense du territoire; l'amirauté en Angleterre pour l'organisation des forces navales; que pourraient opérer les Ponts et Chaussées, déjà chargés des routes de terre et des canaux, centralisant entre leurs mains l'exploitation des chemins de fer; le corps des Ingénieurs des mines non-seulement chargé, comme jusqu'à ce jour, d'éclairer et de surveiller l'industrie métallurgique, mais encore d'accroître les valeurs qu'elle crée en participant aux exploitations; la grande administration financière ne se bornant pas à la perception et à la dépense d'un énorme budget, mais agissant efficacement sur le développement de l'industrie par les tarifs de douane, et surtout disposant du crédit de l'État, de son influence sur la circulation pour activer la production; enfin le corps des Inspecteurs des manufactures existant avant la première révolution, pourrait être rétabli pour venir prêter assistance aux municipalités dans l'aide que celles-ci pourraient prêter à l'industrie manufacturière.

Tous ces grands corps, chargés chacun d'un intérêt vital de la société, seraient de bien puissants leviers pour la prospérité du pays, s'ils étaient à la hauteur de leur mission. Que faudrait-il pour cela? Une certaine indépendance qui détruisît les inconvénients de l'instabilité des pouvoirs politiques dans une république; certaines garanties, certaines conditions d'avancement qui ne permissent pas de voir, sous l'apparence du civisme et par la captation de la faveur populaire, se renouveler les abus de corruption et de favoritisme du système qui vient de s'écrouler. Nous ne chercherons pas à indiquer s'il ne serait pas convenable que ces corps élussent des représentants au sénat ou conseil d'État, qui sera placé en regard de l'Assemblée législative et où devront se concentrer les traditions, tandis que l'Assemblée représentera le progrès, le mouvement; ni comment une Charte administrative pourrait assurer aux administrateurs l'indépendance et la récompense de loyaux services. Nous nous bornerons à examiner cette seule question : comment recruter l'administration des hommes les plus capables, empêcher le favoritisme et l'intrigue?

Ce problème doit évidemment être résolu pour que la république administrative, dont nous faisons notre idéal, soit possible. Dans aucune république, jusqu'ici, on n'a osé constituer une administration importante. En effet, ou c'est laisser trop d'influence au pouvoir exécutif en le laissant disposer de trop d'emplois, ou c'est vouloir l'impossible que d'obtenir l'unité de direction par l'élection d'une foule de fonctionnaires.

Le problème serait positivement insoluble, si nous n'avions en France un élément tout particulier et qui, avec grande raison, a toujours été regardé comme un des plus beaux legs de notre grande révolution. Nous voulons parler de l'École Polytechnique. En butte pendant quarante ans, au mauvais vouloir de tous les gouvernements qui se sont succédé, fournissant les citoyens classés à juste titre parmi les meilleurs et les plus utiles au pays, conservant par tradition un esprit véritablement démocratique qui a toujours fait des jeunes élèves les chefs de tous les mouvements populaires faits au nom de la liberté : il faut bien croire que l'École Polytechnique est autre chose qu'une simple école préparatoire à diverses carrières; en effet, elle est la personnification d'un principe : *l'élection du plus capable au début de la carrière.* Est-il une organisation plus profondément, plus heureusement démocratique que celle qui permet à tous de venir se soumettre à des examens où la capacité et le savoir sont les seuls titres de succès? N'est-ce pas là la meilleure élection possible, en est-il une qui puisse assurer au pays de meilleurs, de plus capables serviteurs?

C'est ce principe qui permettra à notre système nouveau d'accomplir des choses qu'aucune république ancienne et moderne n'a pu réaliser, de faire vivre ensemble l'organisation, la tradition et la liberté.

Pour les corps qui s'alimentent à l'École Polytechnique, le génie, l'artillerie, les ponts-et-chaussées, les mines, etc., *il n'y a* rien à faire qu'à conserver ce qui existe; pour les autres, c'est leur organisation qu'il *faut imiter*, car l'avancement y est fixé par le comité formé de tous les hommes éminents du corps et est la récompense des bons services. C'est dans la surveillance due à l'esprit de corps, dans un système bien entendu de présentation dans certains cas, que doit se trouver ce que tous les amis du pays avaient senti depuis longtemps, le rempart pouvant assurer contre les débordements du système de corruption, aux excès duquel nous venons d'assister, et dont les auteurs *ne prévoyaient* pas une fin si prochaine; l'avènement certain de la capacité.

C'est notamment ce qu'avait senti avec une lucidité parfaite, M. Éd. Laboulaye, qui avait formulé dans la *Revue de législation*, de M. Wolowski, un programme complet de Facultés d'administration analogues à celles de l'Allemagne. Qu'on nous permette de reproduire ici les pages suivantes, qu'il écrivait, il y a quelques années, à propos de la proposition faite par M. A. de Gasparin, député intelligent et courageux, dans le but d'enrayer les progrès de la corruption, de formuler les *conditions d'entrée* et d'avancement dans les administrations, indépendamment du bon ou mauvais *vouloir d'un ministre*, en raison de la capacité et des bons services.

« L'indifférence du pays pour des querelles qui ne le regardent plus, fait la faiblesse de la Chambre, qui sent qu'elle n'est plus soutenue; et cette faiblesse fait la force apparente du ministère. Il se croit puissant, parce qu'il n'a point de résistance à vaincre; mais vienne un orage, et l'on verra quel fonds on peut faire sur des majorités vacillantes, inquiètes, intéressées, *toujours disposées* aux partis extrêmes, et qui n'auront d'autre contre-poids qu'une administration affaiblie, *sans* esprit de corps, et dans laquelle chacun, les yeux fixés, non sur le ministre qui commande, mais sur le député qui protége, calculera ce qu'il peut gagner dans un changement de ministère, et peut-être dans une révolution.

« Après la corruption, a dit M. de Gasparin avec autant d'éloquence que de profondeur, après la corruption il y a autre chose. La corruption, aujourd'hui, c'est la réforme demain. Vous savez quelle réforme : la réforme politique, peut-être la réforme sociale, *car de tous les crimes que peut commettre la classe qui gouverne, le plus impardonnable, le seul qu'on ne pardonne jamais, c'est d'exploiter à son profit le gouvernement*, et les classes moyennes seraient compromises de nos jours, comme les classes aristocratiques l'ont été en 89, si nous laissions tomber leur plus solide rempart ; ce rempart, c'est *le respect.* »

« Ces paroles ont quelque chose de prophétique, et il y a dans cet avertissement un enseignement sérieux pour la Chambre et pour le pays ! Aujourd'hui nous entrons dans un monde nouveau, dans un ordre de choses imprévu. Il ne s'agit plus de résister aux partis qui s'attaquent au principe même du gouvernement, il s'agit de fonder par les institutions notre société démocratique. Que sera cette démocratie française qui n'a pas encore eu de précédents dans l'histoire ? telle est aujourd'hui la question, bien digne de préoccuper quiconque aime sincèrement sa patrie. Sera-ce le règne des travailleurs, et verrons-nous un système vraiment libéral appeler le mérite et le mérite seul à servir, à défendre, à administrer le pays ? Sera-ce, au contraire, le règne de l'argent, et, grâce au culte exclusif des intérêts matériels, verrons-nous les gens remuants et les faiseurs d'affaires réussir aux élections, puis dominer la Chambre, et par la Chambre l'administration ? Voilà le problème dans toute sa vérité. Ou nous suivrons la route dans laquelle le ministère et la Chambre s'engagent avec un déplorable aveuglement ; et alors nous aurons pour véritables chefs du gouvernement, non pas les ministres, devenus les agents de la majorité, mais des hommes qui, portés aux affaires par la coalition des intérêts privés, sacrifieront les droits et l'honneur de la France à l'intérêt du canal ou du chemin qui les aura nommés ; ou nous nous arrêterons à temps sur la pente fatale, et nous appellerons la démocratie dans l'administration, pour que l'administration soit assez forte pour faire équilibre à la Chambre et donne au ministre un poids suffisant pour résister aux caprices d'un député. En deux mots, au lieu de gouverner par et pour la Chambre, il faut que les ministres gouvernent par la Chambre et pour le pays.

« Telle est la situation dont M. de Gasparin a reconnu toute la gravité dans un discours qui restera comme modèle de prévoyance politique. A cette situation dangereuse il a indiqué un remède dont la simplicité ne détruit point l'efficace. Il ne s'agit point de se jeter dans l'inconnu, il suffit d'emprunter à quelques-uns de nos services publics l'organisation démocratique qui depuis cinquante ans a fait leur énergie et leur grandeur. Qu'on songe au rôle des ponts-et-chaussées dans la question des chemins de fer, et qu'on se demande si nous aurions vu la désastreuse folie d'un gouvernement aliénant les voies de communication, si toute l'administration avait eu la force de résistance des ponts-et-chaussées.

« L'exemple de la Prusse, dont l'organisation administrative n'est autre que l'organisation polytechnique, est bien fait aussi pour nous donner sur la réforme proposée les plus belles espérances, si l'on veut réfléchir que la plus grande pensée administrative du siècle, l'union des douanes allemandes, a été conçue et exécutée par un gouvernement qui s'en remet au concours du soin de lui former des administrateurs.

« D'ailleurs, la réforme projetée n'aurait-elle qu'un demi-succès, ce serait beaucoup que d'avoir reconnu le mal et commencé sa guérison ; une fois que l'opinion publique aura compris que l'indépendance de l'administration est la force du pays, le danger sera passé.

« Quoi qu'il en soit, M. de Gasparin a mis la Chambre et le pays en demeure de se prononcer sur le problème le plus sérieux qu'on ait depuis longtemps soumis à la législature, car il s'agit non d'une misérable question de personnes, mais de l'organisation et, par conséquent, de la grandeur et de l'avenir de notre gouvernement. Cette voix généreuse qui a parlé dans le seul intérêt du pays sera-t-elle entendue? Nous l'espérons, car il y a toujours de l'écho en France pour toutes les pensées nobles et patriotiques. Dans tous les cas, nous considérons que pour les amis du pays, pour tous ceux qui rêvent le triomphe pacifique de la démocratie, c'est-à-dire l'avénement du travail et du mérite, substitués aux priviléges de la naissance, de la fortune ou de la position, c'est un devoir de joindre leurs efforts à ceux du jeune député pour ne pas laisser étouffer une proposition qui touche à de si grands intérêts.»

On vient heureusement d'entrer dans la voie si désirable que nous venons d'indiquer, on vient de jeter les fondements de ce grand édifice, et bientôt nous allons voir l'école d'administration s'ouvrir.

Nous regrettons de ne pouvoir, par la publication de l'ensemble des programmes, montrer quelle instruction solide pourront puiser nos futurs administrateurs dans cette nouvelle école; mais en attendant cette publication prochaine, et qui, nous croyons pouvoir le dire en connaissance de cause, puisqu'on a bien voulu nous appeler à concourir à cette belle fondation, satisfera pleinement l'attention publique. Nous donnerons seulement les premières phrases du rapport qui conclut à l'organisation de l'école d'administration et qui indique bien sous la préoccupation de quelles idées elle a été fondée.

«La haute commission (chargée du travail préparatoire) a compris que, dans un moment où se font si vivement pressentir les mesures administratives qui devront remédier aux inconvénients de toute nature dont l'ordre actuel est affecté, il fallait songer aux moyens d'élever l'administration française à la hauteur des devoirs nouveaux que lui impose la République. Notre tradition administrative, objet de l'admiration de tous les États européens, loin d'être menacée de décadence par la révolution qui vient de s'accomplir, va en tirer en effet une autorité plus éclatante que jamais, puisque l'administration, qui n'est autre chose que le service du peuple, ne saurait que gagner à un régime où tout se subordonne à l'intérêt du peuple.

« En même temps que le gouvernement donnait le signal de rehausser la valeur du service administratif en l'astreignant à de fortes études, il lui plaisait de marquer par une institution capitale que le règne de la corruption et de la faveur était fini, et que celui de la justice lui succédait. Ce qu'avaient fait nos pères, durant leur glorieuse révolution, pour les corps savants, en fondant l'École Polytechnique, le gouvernement décidait de l'accomplir pour toutes les *branches de l'administration*, en créant, sur des bases analogues à celles de cette illustre école, une *école nouvelle*. Émanées des mêmes principes d'utilité publique et d'égalité, les deux écoles se présenteront désormais aux yeux de la patrie comme deux sœurs.

« C'est dans les termes du décret sur l'analogie qui doit exister entre les bases de l'école nouvelle et celles de l'École Polytechnique que la haute commission a cherché le point de départ de toutes ses discussions. Comme les élèves de l'École Polytechnique, malgré la diversité des services auxquels ils sont destinés, reçoivent une instruction générale identique, il lui a paru qu'ici il devait en être de même. Ce fonds commun donné aux esprits est en effet un des moyens les plus efficaces pour les disposer à marcher en bon accord dans toutes les directions, après que les instructions spéciales, au sortir de l'école, auront achevé de les approprier aux diverses fonctions publiques....

NOTE II.

PROJET DE LOI SUR LES BREVETS D'INVENTION.

PAR M. JOBARD (DE BRUXELLES).

LÉOPOLD Ier, roi des Belges, à tous présents et à venir, salut.

Ayant pris en considération qu'il est de l'intérêt public de reconnaître et de fonder la propriété industrielle sur des bases analogues à celles de la propriété foncière,

Nous avons proposé, les Chambres ont adopté, et nous sanctionnons ce qui suit :

DÉCLARATION.

La Belgique reconnaît trois espèces de brevets : le brevet d'*invention*, le brevet de *perfectionnement*, et le brevet d'*exploitation*.

Des brevets d'invention et de perfectionnement

TITRE Ier.— *Droits de l'inventeur.*

ART. 1er.

Tout inventeur, Belge ou étranger, peut s'assurer la propriété de son invention, dans le royaume, pendant quatre-vingt-dix-neuf ans (1), aux clauses et conditions stipulées dans la présente loi.

Art. 2.

Tout brevet d'invention donne au titulaire le droit de fabriquer et de faire fabriquer seul, dans le royaume, pendant quatre-vingt-dix-neuf ans, et de vendre et faire vendre seul, pendant quinze ans, les objets brevetés. Il pourra, en conséquence, faire saisir dans les ateliers, magasins et lieux publics, les produits similaires qui ne sortent pas de sa fabrique et ne portent pas son estampille; mais il n'a pas le droit de faire saisir les objets affectés à l'usage personnel des particuliers non fabricants.

Art. 3.

Tout inventeur qui aurait déjà obtenu un brevet d'invention dans un autre pays, ou son cessionnaire, aura seul le droit de prendre un brevet d'invention, pour le même objet, en Belgique, pendant les douze mois suivants.

Art. 4.

Le titulaire d'un brevet a la faculté de prendre autant de certificats de perfectionnement et d'addition à son invention qu'il le désire, en payant 10 fr. pour chaque certificat.

Art. 5.

Le breveté ou ses ayants droit seront seuls admis à déposer des demandes de perfectionnement, changement ou addition à l'invention primitive, pendant le courant de deux années, à partir de la date du brevet primitif.

Art. 6.

Après les deux années révolues, chacun est admis à prendre

(1) M. Jobard ne fixait qu'à trente ans cette durée, dans des brochures antérieures à ce travail, nous la croyons suffisante.

des brevets de perfectionnement à toutes les inventions, mais nul n'a le droit de s'emparer d'une invention brevetée, sous prétexte qu'il l'aurait améliorée. Par contre, l'inventeur ne peut s'approprier des perfectionnements brevetés. Nul n'est breveté que pour ce qu'il a clairement décrit.

Les ornements, les changements de forme ou d'échelle, les renversements de mouvements ou déplacements de pièces, ne sont pas considérés comme des inventions, s'ils ne produisent pas des effets ou des résultats industriels nouveaux.

ART. 7.

Le brevet de perfectionnement donne les mêmes droits et se trouve soumis aux mêmes charges que le brevet d'invention.

TITRE II. — *Devoirs des inventeurs et du gouvernement.*

ART. 8.

Toute demande de brevet d'invention sera publiée dans un bulletin spécial, édité aux frais des demandeurs.

La somme affectée à cet objet ne pourra être au-dessous de 25 fr. par page, ni au-dessus de 50 fr. par gravure in-4°.

Il sera remis à chaque breveté cinquante exemplaires de sa description; un de ces exemplaires, signé et scellé par le ministre de l'intérieur, lui tiendra lieu de titre officiel.

Ce bulletin, publié par les soins du ministre de l'intérieur, paraîtra périodiquement et sera distribué aux gouverneurs, commissaires de district et chambres de commerce, ainsi qu'aux bourgmestres des chefs-lieux de canton, où il pourra être consulté par tous ceux qui le désireront.

ART. 9.

Les ouvriers ou inventeurs pauvres pourront être exemptés par le ministre des frais de publication.

ART. 10.

Pendant un délai de quatre mois, à partir de la publication, toute personne pourra former opposition à la délivrance d'un brevet. Les oppositions seront adressées au ministre de l'intérieur.

Seront seules recevables les oppositions fondées sur ce que l'opposant est en possession d'exploiter le procédé pour lequel le brevet est demandé.

Le département de l'intérieur sera juge de la validité des oppositions, sauf à renvoyer, s'il le juge convenable, aux tribunaux, pour y être fait droit.

L'arrêté de concession ne pourra être signé que quatre mois après la publication de la demande, et au plus tard, dans les six mois à partir de la publication, ou, le cas échéant, après le retrait d'opposition.

ART. 11.

Le brevet accordé après l'accomplissement des formalités ci-dessus prescrites, ne pourra plus être attaqué en déchéance devant les tribunaux; néanmoins, tout individu qui justifierait avoir été en possession de la fabrication de l'objet breveté, avant le dépôt du premier *caveat*, pourra en continuer la libre exploitation.

ART. 12.

Tout titulaire sera tenu d'appliquer son nom, suivi du mot *breveté*, sur tous les objets ou produits sortant de sa fabrique et susceptibles de cette application; dans le cas contraire, il y placera son étiquette.

ART. 13.

Tout titulaire d'un brevet sera tenu de le mettre en œuvre dans le royaume, au plus tard dans le courant de l'année qui suivra sa mise en œuvre à l'étranger, à moins de motifs graves, laissés à l'appréciation du ministre.

TITRE III. — *Des brevets d'exploitation.*

. . . .

TITRE IV. — *Partie organique.*

Art. 20.

Seront considérés comme susceptibles d'obtenir un brevet d'invention, toute machine, méthode, recette ou procédé nouveau, et toute combinaison d'éléments ou de moyens connus, donnant des effets, des résultats ou des produits industriels nouveaux.

Art. 21.

Les compositions chimiques, les recettes, méthodes ou inventions susceptibles d'être appliquées par tous ceux qui les connaissent, sans qu'il soit possible au breveté de faire constater la contrefaçon ou évaluer le dommage, resteront sous le scellé pendant quinze ans.

Art. 22.

Nul ne pourra être poursuivi comme contrefacteur, qu'après que le breveté lui aura fait connaître officiellement que le procédé dont il fait usage a été breveté en sa faveur, et pour autant qu'il persiste à en faire emploi après cet avertissement.

Art. 23.

Tout inventeur qui voudra s'assurer la priorité de son invention, pourra déposer au greffe du gouvernement provincial, sous le nom de *caveat*, l'exposé succinct de l'invention qu'il croit avoir faite. Ce paquet, cacheté, portant pour suscription le titre réel et explicite de l'invention, le nom et l'adresse du déposant, restera scellé pendant six mois au plus. Plusieurs *caveat* successifs pourront être déposés au fur et à mesure des progrès de l'invention, en payant 5 fr. pour l'enregistrement de chaque *caveat*.

La date du *caveat* établit la priorité de l'invention.

Art. 24.

Tout breveté payera, chaque année, à l'État une taxe progressive augmentée de 10 fr. par période quinquennale, d'après le tableau suivant :

1re	année	10 fr.	21e	année	550
2	—	20	22	—	600
3	—	30	23	—	650
4	—	40	24	—	700
5	—	50	25	—	750
6	—	70	26	—	810
7	—	90	27	—	870
8	—	110	28	—	930
9	—	130	29	—	990
10	—	150	30	—	1,050
11	—	180	35	—	1,450
12	—	210	40	—	1,850
13	—	240	45	—	2,300
14	—	270	50	—	2,800
15	—	300	55	—	3,350
16	—	340	60	—	3,950
17	—	380	70	—	5,300
18	—	420	80	—	6,850
19	—	460	90	—	8,600
20	—	500	99	—	10,350

Art. 25.

La demande de brevet sera adressée au ministre de l'intérieur et déposée au gouvernement provincial. Elle sera accompagnée d'une description et des plans sur échelle, avec indication coloriée des parties réclamées comme invention : le tout sous enveloppe cachetée et signée du déposant.

Art. 26.

La vente ou la cession d'un brevet entier ou d'une partie de brevet et la concession de licences pour fabriquer les produits brevetés, de quelque façon légale qu'elles aient lieu, seront annoncées au ministère par déclaration signée des deux contractants, et insérées au Bulletin officiel des inventions.

TITRE V. — *De l'expropriation, des nullités et des déchéances.*

Art. 27.

Tout propriétaire de brevet peut être exproprié, pour cause d'utilité publique, de sûreté ou d'agrément publics, moyennant une juste et préalable indemnité à fixer contradictoirement entre le breveté et le gouvernement, et, en cas de désaccord, par les tribunaux, qui pourront nommer des experts pour apprécier la valeur de l'exploitation et le préjudice résultant de cette expropriation pour l'inventeur.

Art. 28.

Aucun brevet d'invention ne peut être annulé si ce n'est pour les cas suivants :

1° Si le demandeur a frauduleusement omis dans sa spécification quelques points importants, à défaut desquels un homme de l'art ou du métier ne puisse exécuter l'invention, la recette ou le produit breveté ;

2° Si la découverte est reconnue contraire aux lois du royaume ;

3° Si le breveté laisse écouler une année entière sans payer la taxe ;

4° Si le breveté, abusant de son droit privatif et absolu, se bornait à tirer de l'étranger, pour les revendre, les produits brevetés, au lieu de les fabriquer ou faire fabriquer dans le royaume ;

5° Si le breveté ne met pas son invention en œuvre dans le temps donné.

6° Seront également annulés tous les perfectionnements et additions qui ne se rattacheraient pas au brevet principal ; néanmoins le demandeur sera averti qu'il peut les convertir en brevets d'invention spéciaux.

TITRE VI. — *De la contrefaçon, des poursuites et des peines.*

ART. 32.

Les propriétaires de brevets pourront, en vertu d'une ordonnance du président du tribunal de première instance, faire procéder par huissier à la désignation et description détaillées, avec ou sans saisie conservatoire, des objets argués de contrefaçon.

L'ordonnance sera rendue sur simple requête et sur la présentation du brevet ; elle contiendra, s'il y a lieu, nomination d'experts, pour aider le juge de paix dans sa description.

Il sera laissé au contrefacteur copie du procès-verbal de la saisie, ainsi que de l'ordonnance : le tout à peine de nullité.

L'affaire sera soumise, dans la huitaine, au tribunal des prud'hommes, qui entendront les parties et leurs conseils.

En cas de non-conciliation, l'opinion motivée des prud'hommes sur le fond du procès sera transmise au tribunal civil pour l'application de la peine.

NOTE III.

Comptoirs d'escompte, sous-comptoirs de garantie.

COMPTOIRS NATIONAUX D'ESCOMPTE.

Le Gouvernement provisoire,

Vu le décret en date du 4 mars, spécifiant qu'il sera pourvu dans le plus bref délai aux intérêts du commerce et de l'industrie;

Attendu que, par suite des événements, un trouble considérable existe aujourd'hui dans les moyens du crédit privé, et que ce trouble affecte particulièrement, soit la fabrique, soit le commerce de détail;

Que, dans de telles circonstances, il importe de donner l'exemple d'une de ces associations fécondes qui, en unissant les forces, assurent à tous le bienfait du crédit et la garantie du travail;

Qu'un des devoirs essentiels de l'État est d'intervenir dans une juste mesure, quand les citoyens sentent eux-mêmes le besoin de se réunir pour créer entre eux une sorte d'assurance mutuelle;

Qu'il importe de généraliser ce genre d'association et d'en presser l'application dans tous les centres de fabrication et de commerce;

Décrète :

ART. 1er.

Dans toutes les villes industrielles et commerciales, il sera créé un comptoir national d'escompte, destiné à répandre le crédit et à l'étendre à toutes les branches de la production.

ART. 2.

Ces comptoirs auront un capital dont le chiffre variera suivant le besoin des localités.

ART. 3.

Ce capital sera formé dans les proportions suivantes :

1° Un tiers en argent, par les associés souscripteurs;

2 Un tiers en obligations, par les villes;

3° Un tiers en bons du trésor, par l'État.

ART. 4.

Les propositions sur la création de ces comptoirs seront adressées au ministre des finances, qui, après avoir vérifié les versements faits par l'industrie privée, assurera la part de contribution des villes et du trésor.

Fait à Paris, en conseil de gouvernement, le 7 mars 1848.

SOUS-COMPTOIRS DE GARANTIE.

Le Gouvernement provisoire,

Considérant que le décret du 8 mars 1848 relatif aux comptoirs nationaux d'escompte ne permet à ces établissements de faire l'escompte que des valeurs revêtues de deux signatures au moins;

Que le plus grand nombre des petits commerçants, des industriels et des agriculteurs, ne peuvent avoir cette seconde signature ; qu'ils se trouvent ainsi privés des ressources du comptoir, n'ayant d'autres moyens de crédit qu'un actif nécessairement immobilisé entre leurs mains ;

Qu'il importe de faire participer aux bienfaits du crédit, par des institutions démocratiques, tous les membres de la société qui en avaient été déshérités jusqu'à présent ;

Sur la proposition du secrétaire général du Gouvernement provisoire, directeur du Comptoir national d'escompte ;

Décrète :

ART. 1er.

Dans les circonscriptions des villes où un comptoir d'escompte existera, il pourra être établi, *soit par localité, soit par agrégations d'industries*, des sous-comptoirs de garanties destinés à servir d'intermédiaires entre l'industrie, le commerce et l'agriculture, d'une part, et les comptoirs nationaux d'escompte, de l'autre.

ART. 2.

Les sous-comptoirs seront organisés au moyen de sociétés anonymes, dont le fonds social ne pourra être moindre de 100,000 fr. divisé en actions au porteur de 100 fr. chacune. Ils seront autorisés à fonctionner, quel que soit le nombre des actions souscrites.

ART. 3.

Le directeur de ces sous-comptoirs sera nommé par le ministre des finances, et sera de droit président du conseil d'administration.

Une commission sera en outre déléguée par le comptoir de la circonscription près de ce conseil d'administration, et chargée de surveiller les opérations du sous-comptoir.

ART. 4.

Les opérations des sous-comptoirs consisteront à procurer aux commerçants, industriels et agriculteurs, soit *par engagement direct*, soit par aval, soit par endossement, l'escompte de leurs titres et effets de commerce auprès du comptoir principal, moyennant des sûretés données aux sous-comptoirs *par voie de nantissement sur marchandises, récépissés des magasins de dépôt, titres, valeurs et droits incorporels, ainsi qu'au moyen de garanties hypothécaires.*

Art. 5.

Le fonds social des sous-comptoirs n'est pas destiné à la réalisation de l'escompte, mais seulement à garantir les opérations du sous-comptoir envers le comptoir principal.

En conséquence, tous les fonds constituant le capital social seront versés au comptoir principal, dont le sous-comptoir de garantie formera l'annexe, et portés au crédit de ce dernier et productifs d'intérêts.

Art. 6.

Les sous-comptoirs ne pourront se livrer à aucune opération, de quelque nature qu'elle soit, si ce n'est comme intermédiaires du comptoir principal, afin que l'actif des sous-comptoirs soit exclusivement affecté à la garantie des opérations admises par le comptoir principal.

Art. 7.

Pour compléter, et même pour augmenter leur capital social, *les sous-comptoirs seront autorisés à faire, sur chaque opération, une retenue de 5 p. 100, qui sera portée au crédit de chaque commerçant, industriel ou agriculteur, lequel deviendra propriétaire d'une action à mesure que ces retenues auront atteint le chiffre de* 100 *fr.*

Art. 8.

Les sous-comptoirs seront autorisés à prélever, sur le produit net des sommes procurées, 1/4 p. 100 par mois de commission, indépendamment des frais de magasinage ou autres.

ART. 9.

Par dérogation aux dispositions du Code civil, relatives à l'exécution et aux effets du nantissement, les sous-comptoirs sont autorisés, huitaine après une simple mise en demeure, sans qu'il soit besoin d'aucune autorisation de justice, à faire procéder à la vente publique des marchandises données en nantissement par les officiers ministériels compétents.

ART. 10.

Tous les actes qui auront pour objet de constituer les nantissements au profit des sous-comptoirs par voie de transport ou autrement, et d'établir leurs droits comme créanciers, seront enregistrés au droit fixe de 2 fr. 20 c.

Les membres du Gouvernement provisoire.

NOTE IV.

Union du crédit.

Nous donnons ci-après les statuts d'une banque de crédit qui vient d'être projetée en Belgique; la seule chose que nous n'apercevions pas clairement, c'est comment cette union du crédit fournit des ressources à ceux qui en font partie. Comme il est dit que c'est par l'escompte que les ressources seront produites, sans doute la société espère pouvoir remettre directement le crédit en argent aux associés, c'est-à-dire disposer de ressources financières. Elle pourrait à la rigueur fournir son endos aux valeurs fournies par les associés, endos qui par l'importance de la mutualité ferait disparaître toute chance de non-payement. Il faudrait alors trouver un établissement qui escomptât sûrement ces valeurs : une banque de l'État pourrait seule le faire (par la facilité qu'elle possède d'augmenter ses émissions), sans lui faire payer l'argent fort cher. Nous essayerons, après avoir rapporté ces statuts, d'indiquer comment ils devraient être complétés, pour servir à constituer une banque mutuelle d'échanges, pour fonctionner comme mutualité, sans l'appui d'aucune banque d'émission.

PROJET DE STATUTS.

Art. 1er.

Il est créé à Bruxelles une société anonyme sous la dénomination de : L'UNION DU CRÉDIT.

L'assemblée générale pourra établir des succursales ou des agences, dans d'autres localités du pays.

Art. 2.

La durée de la société est fixée à vingt-cinq ans, qui commenceront à dater du jour de l'approbation royale.

Art. 3.

Le but de la société est de procurer par l'escompte, au commerce, à l'industrie, à l'agriculture, aux travailleurs enfin de toutes les classes, les capitaux qui leur sont nécessaires, dans la limite de leur solvabilité matérielle et morale.

La solvabilité s'établit par l'admission comme membre de la société.

L'admission a lieu :

1° Sur la notoriété publique.

2° Par affectation hypothécaire sur des immeubles (1).

3° En fournissant caution personnelle ou engagement d'un codébiteur solidaire.

4° Par un dépôt de fonds publics de l'État, une cession ou un gage d'une créance hypothécaire ou un versement en espèces, dont le taux d'intérêt sera fixé par le conseil d'administration.

5° Enfin, par toute garantie, de quelque nature qu'elle soit, si elle est reconnue par le conseil d'admission de la société, réelle et réalisable.

(1) Nous ajouterions : sur remise de brevets, titres de propriété industrielle, etc.

ART. 4.

Toute personne désirant faire partie de la société, adressera à l'administration une demande de crédit déterminé.

Cette demande sera soumise au comité institué par l'art. 25 qui prononcera sur l'admission.

ART. 5.

Tout membre admis participe aux pertes et aux bénéfices de la société, dans la proportion d'une somme égale au crédit, pour lequel il a été admis. Il signe un engagement dans la forme arrêtée par l'administration.

Le minimum du crédit est fixé à cinq cents francs; le conseil général déterminera le maximum.

L'ensemble des obligations souscrites forme le capital de garantie de la société.

Chaque sociétaire n'est responsable que jusqu'à concurrence de sa souscription.

Il verse, au moment de son admission, 5 p. 100 du crédit qui lui est accordé, pour former un fonds de roulement.

La somme versée est portée à son crédit en déduction de sa garantie.

ART. 6.

Tout membre admis pourra disposer du tout ou partie du crédit qui lui aura été ouvert, soit en présentant un bordereau d'escompte, soit contre sa propre promesse.

L'échéance des valeurs à remettre à la société ne pourra dépasser 90 jours.

Sur le montant de chaque bordereau, il sera fait une retenue dont le maximum n'excédera pas le tiers de l'intérêt perçu et qui sera portée au crédit particulier de l'associé qui l'aura présenté.

ART. 7.

Tout membre admis sera tenu de fournir un supplément de garantie à la demande du comité d'admission.

A défaut de se conformer à cette demande, le crédit pourra être réduit.

ART. 8.

Tout sociétaire peut se retirer de l'association, à la fin de chaque trimestre, en donnant avis au conseil d'administration un mois d'avance.

Il est néanmoins garant des opérations de la société, pendant le semestre qui suivra sa retraite.

Toute affaire litigieuse, en sursis ou en faillite, sera considérée comme perdue, relativement au membre qui se retire, et le montant sera porté au prorata, au débit de son compte.

ART. 9.

Tout membre qui cessera de faire partie de la société, ne pourra disposer des sommes portées à son crédit, par la retenue faite sur les bordereaux et par les bénéfices, qu'après un délai de six mois.

ART. 10.

Les comptes de la société sont arrêtés tous les trois mois ; ils seront publiés dans le Moniteur.

ART. 11.

Les bénéfices résultant de l'escompte et de l'intérêt des retenues, après un prélèvement des frais d'administration et des frais généraux, seront portés, au marc le franc, au crédit des sociétaires.

En cas de perte, chaque sociétaire sera tenu de verser immédiatement sa part proportionnelle dans les caisses de la société.

ART. 12.

Les bénéfices et les retenues portés au crédit des sociétaires, pourront être répartis, sur la proposition de l'administration, approuvée par l'assemblée générale.

Cette répartition ne pourra, en aucun cas, avoir lieu que quatre mois après la publication de la décision par le Moniteur.

ART. 13.

La société est administrée par un conseil d'administration, composé de cinq membres, sous la surveillance et le contrôle de neuf commissaires.

Les administrateurs jouiront à titre de traitement, d'un tantième sur les bénéfices annuels, fixé à 15 p. 100 à répartir entre eux.

Les fonctions des commissaires sont gratuites; il pourra leur être accordé des jetons de présence.

ART. 14.

Les administrateurs sont nommés par l'assemblée générale; leurs fonctions durent trois ans; la première sortie, par voie de tirage au sort, aura lieu en 1851 et successivement; chaque année, les fonctions d'un administrateur cesseront.

Les administrateurs sortants sont rééligibles.

ART. 15.

Le conseil d'administration nomme parmi ses membres, un président.

ART. 16.

Le conseil d'administration statue sur tout ce qui concerne la société, sauf ce qui est réservé au comité d'admission; il détermine le taux de l'escompte et du réescompte; il nomme et révoque les employés et fixe leurs traitements, sauf approbation des commissaires.

En cas de partage, le président a voix prépondérante, soit aux séances du conseil d'administration, soit à celles du conseil général.

ART. 17.

Le président et les administrateurs délibèrent en conseil sur tout ce qui concerne la société; les administrateurs aident, en outre, le président, dans l'exécution, de manière que chacun s'occupe plus spécialement de la surveillance d'une partie des affaires.

Aucune délibération ne peut avoir lieu, aucune résolution ne peut être prise par moins de trois membres. Les minutes sont signées par tous les membres présents.

ART. 18.

Le président préside l'assemblée générale, le conseil général et l'administration; il signe, avec un administrateur, toutes les pièces et résolutions, dirige et surveille l'exécution des mesures et des opérations arrêtées.

ART. 19.

Les actions judiciaires sont suivies au nom de l'administration, à la poursuite et diligence du président.

La mainlevée des inscriptions hypothécaires est donnée par décision du conseil d'administration, par le président assisté d'un administrateur délégué.

ART. 20.

En cas d'empêchement du président, il sera remplacé par un administrateur, délégué par le conseil d'administration.

ART. 21.

Le président et les administrateurs ne sont responsables que de l'exécution de leur mandat : ils ne contractent, en raison de leur gestion, aucune obligation personnelle, relativement aux engagements de la société.

ART. 22.

Les commissaires forment, avec les administrateurs, le conseil général et se réunissent une fois par mois.

Il leur est rendu compte, à chaque séance mensuelle, de la situation des affaires.

Ils pourront néanmoins être convoqués extraordinairement, soit par le président ou sur leur demande.

Les décisions des commissaires doivent être prises par au moins cinq membres.

ART. 23.

Les commissaires vérifient et arrêtent en outre les comptes trimestriels; leur approbation sert de décharge à l'administration.

En cas de désaccord entre l'administration et les commissaires, l'assemblée générale prononcera.

ART. 24.

Les commissaires sont nommés par l'assemblée générale; leurs fonctions durent trois années.

Le renouvellement se fera par tiers chaque année. Les commissaires sortants sont rééligibles.

ART. 25.

Le comité d'admission se composera de vingt membres nommés par le conseil général.

ART. 26.

Le comité d'admission est seul chargé de prononcer au *scrutin secret*, après délibération, sur la solvabilité de toute personne présentée par le conseil d'administration.

Les décisions sont prises par douze membres au moins et devront réunir les trois quarts des suffrages.

ART. 27.

Le comité d'admission sera renouvelé tous les trois mois par quart.

Les membres sortants ne pourront être réélus qu'après un intervalle d'une année.

ART. 28.

Tous les membres de la société sont appelés à faire partie du comité d'admission.

ART. 29.

Le comité d'admission se réunit une fois par semaine.

ART. 30.

Les fonctions des membres du comité sont honorifiques.

ART. 31.

L'assemblée générale se réunit tous les ans, le premier mardi de février, pour procéder au choix des administrateurs sortants, démissionnaires ou défunts, et à la nomination des commissaires.

Elle se compose de tous les membres de la société. Les décisions sont prises à la majorité des membres présents. Chaque membre a une voix, quel que soit le chiffre de sa souscription.

ART. 32.

L'assemblée générale délibère sur tous les objets, que l'administration lui soumet dans l'intérêt de la société ou sur les propositions faites par l'un de ses membres et appuyées par dix autres.

Ces propositions devront être communiquées au conseil d'administration, au moins trois jours d'avance.

ART. 33.

L'assemblée générale peut être convoquée extraordinairement par le président, conformément à une résolution du conseil général ou à la demande de vingt sociétaires.

La convocation se fait par avis contenant les motifs, inséré quinze jours à l'avance dans le Moniteur et deux journaux de Bruxelles.

ART. 34.

Nul ne peut se faire représenter à l'assemblée générale.

ART. 35.

Les présents statuts ne pourront être modifiés que par résolution de l'assemblée générale, prise à la majorité de la moitié des membres présents. Les modifications proposées seront déposées dix jours d'avance à l'examen des intéressés.

ART. 36.

Les modifications seront soumises à la sanction royale.

Bruxelles, le 16 avril 1848.

BANQUE MUTUELLE D'ÉCHANGES.

Pour convertir une union du crédit fondée sur des bases analogues aux précédentes, en banque d'échanges, c'est-à-dire pour la rendre indépendante des banques d'escompte, il faudrait ajouter à ses statuts les articles suivants :

ART. 1er.

Le crédit alloué à chaque associé lui sera délivré en billets de la banque mutuelle d'échanges.

ART. 2.

Tout associé est obligé sous peine d'une amende du dixième du crédit qui lui est ouvert, d'accepter comme espèces les billets de la banque d'échanges, en payement des marchandises de son commerce.

ART. 3.

Il ne pourra être soustrait à cette obligation qu'en rapportant à la banque un nombre de billets égal à celui qui lui a été remis en ouverture de crédit, qu'en payant ainsi les effets qu'il aura souscrits.

ART. 4.

Tous les billets seront datés du mois de leur émission. Ils rapporteront un intérêt annuel, c'est-à-dire qu'après un an on pourra les échanger contre un nouveau billet, en touchant une prime qui sera fixée par le conseil d'administration (6 p. 100 par exemple). Cette prime sera également payée aux capitalistes qui demanderont des billets à un an. Tous les fonds qui rentreront à la caisse seront employés à payer en espèces les billets les plus anciens, mois par mois, sans que le temps écoulé depuis l'émission puisse dépasser dix-huit mois. Le payement des obligations personnelles de chaque associé sera de $^1/_5$ en argent lorsqu'il existera des billets de treize mois, $^2/_5$ lorsqu'il y en aura de quatorze, et ainsi de suite ; la totalité n'en étant reçue en billets de la banque d'échanges qu'autant que les billets d'un an de date seront remboursés intégralement.

Art. 5.

Tous les bénéfices seront destinés à augmenter le fonds de réserve, et à diminuer les frais de mutualité. Une part des bénéfices nets appartiendra aux administrateurs.

NOTE V.

Caisse de retraite pour les travailleurs.

Nous nous sommes proposé, comme but de notre travail, d'indiquer comment l'accroissement et le morcellement simultanés de la propriété industrielle pouvaient permettre d'augmenter indéfiniment le nombre des propriétaires. De là résulterait la diminution de la misère et des souffrances qu'elle engendre, car celle-ci n'existerait plus à a limite idéale où chacun serait propriétaire et aurait son existence assurée. Nous nous sommes enfin dirigé d'après le principe de Franklin, que : *le meilleur moyen de faire du bien aux pauvres n'est pas de les mettre à l'aise dans leur pauvreté, mais de les tirer de cet état.*

On n'a pas dû être étonné d'après cela de notre silence au sujet des institutions de charité, qui semblent à quelques esprits timides, le seul moyen d'adoucissement possible aux maux qui affligent l'humanité, et qui n'oseraient toucher à aucun détail de l'organisation sociale, même quand celle-ci engendre partie de ces maux dont la charité excuse et entretient les vices en en adoucissant les effets.

Si la charité ne peut être la base d'une organisation sociale, on ne saurait douter que ce noble sentiment ne doive toujours avoir un champ d'action bien étendu ; il y aura toujours un bien grand nombre d'individus faibles, imparfaits, imprévoyants, sans courage et sans lumières, pour lesquels toute lutte est impossible.

La charité doit donc venir à leur secours, non-seulement la charité de l'individu, mais celle de l'État, de l'association de tous. Comme alors c'est l'impôt, c'est-à-dire aussi le pauvre même qui vient au secours du pauvre, ce n'est plus seulement la charité qui est en jeu, ou plutôt c'est elle sous une forme plus parfaite, celle de l'assurance mutuelle. C'est ainsi que nous appellerions de tous nos vœux une institution reliant tous les travailleurs, pour que la maladie ou la vieillesse ne pussent jamais les réduire à l'extrême misère.

Pour une classe importante de travailleurs, les marins, une admirable institution a été créée et développée par le génie de Colbert. Nous voulons parler de la caisse des Invalides de la marine, que dès 1835 (dans la *Revue encyclopédique*), M. Euryale Cazeaux proposait comme modèle d'une caisse des Invalides de l'industrie. Donnons d'après ce travail quelque idée de la caisse des Invalides de la marine.

La marine se compose du corps des officiers, administrateurs et maîtres, entretenus par l'État, des capitaines du commerce, et d'environ 90,000 matelots de divers grades et ouvriers des arsenaux. La loi des *classes* ou de l'*inscription maritime* assujettit au service sur les bâtiments de l'État tous les Français qui exercent la profession de marins, depuis l'âge de dix-huit ans jusqu'à celui de cinquante.

C'est dans l'idée d'ouvrir, en échange de cette dure obligation, une source d'indemnités, qu'a été développée l'institution de la caisse des Invalides.

La caisse des Invalides est une caisse d'épargne. La caisse des Invalides a été fondée en 1670. Si l'on suit les règlements depuis cette époque jusqu'à ce jour, on y voit le gouvernement accroître sans cesse les revenus de la caisse, diminuer l'âge nécessaire pour avoir droit à la retraite, faire successivement entrer pour une part plus considérable dans l'appréciation des services, le temps que le marin a passé dans la navigation commerciale ou à la pêche pour son compte particulier.

Il n'y a en premier lieu (1670), qu'un secours accordé aux hommes blessés à bord des bâtiments du roi; mais presque immédiatement une retenue de 2 1/2 p. 100 sur toutes les soldes transforme complétement la moralité du principe précédent, qui n'était qu'une charité, et remplace ces secours facultatifs par une allocation fixe fondée sur une économie du marin.

Trente ans après, un prélèvement accordé sur toutes les prises amenées dans tous les ports de France permet d'appliquer aux marins, blessés à bord des bâtiments en course, la demi-solde promise seulement aux marins blessés à bord des bâtiments de l'État.

En mars 1826, on accorde: 1° Demi-solde (moyennant 300 mois de navigation mixte, c'est-à-dire sur les bâtiments de l'État et du commerce), à l'âge de 50 ans, au lieu de 60; 2° le supplément de 6 à 9 fr. par mois, à l'âge de 70, au lieu de 75 (réduit en 1828 à 65); 3° la pension aux veuves des demi-soldiers, à l'âge de 40 ans, au lieu de 50.

La caisse des Invalides est une caisse de famille. Les veuves, les enfants, non-seulement des Invalides pensionnés, mais même des demi-soldiers, ont droit à une portion de la retraite qui revenait à leur père ou mari; et cette réversibilité est même portée jusqu'aux ascendants des marins; la mère hérite des récompenses gagnées par son fils.

La caisse des Invalides est une caisse de secours. Bureau de charité ou de secours, la caisse tient à la disposition du ministre une somme de 60,000 fr. par an, en faveur des gens de mer, ou des veuves et enfants de gens de mer, qui, n'ayant pas encore complété leurs droits à la retraite ou à la demi-solde, se trouvent dans l'indigence.

La caisse des Invalides est une tontine. Comme *tontine générale*, la caisse des Invalides rattache tous les marins dans une religieuse pensée de solidarité dans les efforts et les récompenses. Produit presque exclusif de leurs épargnes, elle restitue à chacun sa part des efforts de tous. Qu'un matelot soit enlevé par la mort, et, si jeune qu'il soit, il n'emportera pas avec lui le regret d'avoir consommé seul tout le produit de ses fatigues; il sait qu'une portion de son pécule rejaillira sur la tête de ses camarades.

Ces extraits suffisent, nous le pensons, pour faire apprécier convenablement cette belle institution, et faire voir comment l'expérience a indiqué toutes les conditions de succès. Il s'agirait aujourd'hui de faire jouir d'avantages semblables tous les travailleurs de l'industrie. C'est ce qu'avait fort bien senti un ancien employé de la caisse des Invalides de la marine, M. Maquet, qui, dans ces dernières années, avec tout le zèle d'un bon citoyen, avait rédigé un projet complet et en avait poursuivi la réalisation à l'aide des efforts privés de quelques fabricants.

Ce projet ayant été renvoyé devant une commission présidée par M. Molé, il a été reconnu qu'il ne pouvait procurer de grands résultats qu'autant que l'institution serait fondée sous le patronage de l'État. Lui seul peut inspirer une confiance entière, seul il peut donner à une semblable institution une existence immédiate en la réunissant avec l'administration des tontines, celle des retraites qu'il paye déjà, et qui sont le résultat de retenues faites d'une manière analogue à ce qu'il s'agirait d'établir, sur les traitements dans l'armée, les administrations publiques, etc.

Disons, toutefois, que dans la commission d'importantes objections se sont fait jour relativement au principe même de semblables institutions. On les a considérées comme dangereuses pour l'esprit de famille, par leur tendance à développer l'égoïsme personnel; et, par suite de l'aliénation du capital, bien inférieures aux caisses d'épargne qui, réservant toujours la disposition des économies, permettent, à l'occasion, à une famille de créer un petit établissement, de passer à une position meilleure.

Ces reproches sont fondés et devraient faire renoncer à de semblables institutions si on voulait en faire la base de l'organisation économique d'un pays; mais il n'en est pas de même si on considère leur action comme limitée à fournir un minimum de secours avec la moindre cotisation possible, et par suite sans absorber toutes les économies disponibles. L'association tontinière avec aliénation de capital peut seule permettre d'obtenir des résultats qui paraissent merveilleux relativement aux sommes versées par chacun pour les obtenir.

Le bon sens des classes ouvrières ne les a donc pas trompées, lorsqu'elles ont tenté de réaliser, par de petites associations, ce genre d'institutions. A Paris seulement il existe (d'après le relevé publié par la Société philanthropique) 250 sociétés de secours mutuels entre ouvriers groupés en général par professions analogues. Les cotisations sont de 1 fr. 50 à 2 fr. par mois, et l'on fournit aux sociétaires 2 fr., puis 1 fr. 50 par jour de maladie ; une pension de 100 à 200 fr., après 12 ou 15 ans de cotisation et à un âge avancé.

La pension aux vieillards ne peut être payée à ce taux que dans les sociétés les plus riches.

Tel est le genre de tontines que l'État devrait réaliser au profit des travailleurs en s'aidant des sociétés déjà fondées, et les absorbant dans son sein par quelques avantages qu'il pourrait garantir.

Mais où trouver les ressources à cet effet ? Une société qui se distingue entre les autres, celle des bronziers, l'indique fort bien. Les fabricants de bronze, voulant réprimer le surmoulage qui les ruinait, s'étant réunis en société pour assurer la propriété des modèles et la répression de la contrefaçon, ont eu l'excellente idée de faire profiter la caisse de secours des ouvriers de leur profession, de la moitié des indemnités qui résultent de cette répression. De la sorte tous les ouvriers sont intéressés à dénoncer la contrefaçon, et les fabricants font respecter leurs propriétés en ayant la satisfaction d'encourager une utile fondation.

Ce sont des sources semblables qui devraient venir alimenter la caisse des Invalides de l'Industrie, et s'ajouter au produit des cotisations. Nous citerons les taxes sur les brevets d'invention qui viendront compenser le mal que des bouleversements industriels résultant d'inventions nouvelles font souvent aux ouvriers; les amendes pour contrefaçon, véritable prise sur l'ennemi. L'État pourrait alors assurer le service des pensions et considérer comme versées celles des citoyens qui ont passé plusieurs années sous les drapeaux. Ceux-ci, ou au moins le plus grand nombre, continueraient de cotiser afin de profiter de l'avantage qui leur serait offert, et qui ne serait qu'une équitable indemnité du service qu'ils ont rendu à la patrie.

Nous croyons que si l'ouvrier était mis en demeure de verser

1 fr. 50 ou 2 fr. par mois, il ne le refuserait pas, vu les avantages d'une pension pour ses vieux jours (le plus grand nombre le fait déjà dans les sociétés de secours qui existent), et que cette somme est trop minime pour lui faire perdre les chances de succès qu'il peut obtenir par la fondation d'une entreprise.

Comme limite maximum, nous voudrions que la cotisation fût de 1 franc par semaine pour la pension, qui pourrait alors s'élever à 420 fr. à 55 ans, d'après des calculs que nous croyons exacts, et cela tout en allouant 1 fr. 25 par jour de maladie.

TABLE DES MATIÈRES.

FIN DE LA TABLE.

www.ingramcontent.com/pod-product-compliance
Ingram Content Group UK Ltd.
Pitfield, Milton Keynes, MK11 3LW, UK
UKHW021854190726
13855UKWH00001B/315

9 782013 588256